말이 전부가 아니다,
넌버벌 커뮤니케이션

"

방향을 알려줄 때,
손가락질하듯 집게손가락으로 가리키지 말고
공손하게 손가락을 모아 가리켜라.
이런 사소한 넌버벌 커뮤니케이션이
당신의 인생을 바꾼다!

"

눈으로 말하고, 귀로 보고, 몸으로 듣는다!

말이 전부가 아니다,
넌버벌 커뮤니케이션

Non-verbal Communication

| **최광선** 지음 |

smart business

절대, 인공지능과 로봇이
'가질 수 없는 능력'이 있다!

인간은 늘 말하고 또 말한다. 하루, 단 한 시간, 심지어 일분일초도 말을 하지 않고는 세상을 살 수 없을 것만 같다. 언어는 인간의 의사소통 중 가장 대표적인 수단 중 하나다. 하지만 언어만이 의사소통의 모든 것일까?

현대무용이나 발레 공연을 보면 무용수들이 표현하는 감정들이 그대로 전달되는 느낌을 경험하게 된다. 단 한 마디 말도 하지 않는데, 머릿속에는 직접적으로 이야기를 속삭여주는 것 같다. 인간은 일상생활 속에서 언어 이외의 커뮤니케이션을 통해 더 많은 정보를 전하고, 공유하며, 이해하며 살고 있는 셈이다. 이런 '언어' 이외의 커뮤니케이션을 '넌버벌 커뮤니케이션Non-verbal Communication, 비언어적 의사소통'이라 부른다.

왠지 아무 이유 없이 끌리는 사람이 있고, 싫은 사람이 있다. 말은 청산유수인데 신뢰가 가지 않는 사람이 있고, 말은 어눌한데 신뢰가 가는 사람이 있다. 나를 알아달라고 온갖 몸짓으로 목소리를 높이는 사람이 있고, 한 번의 눈빛과 고개 끄덕임으로 뇌리에 각인된 사람이 있다. 얼굴과 말투에서는 자신감이 넘치지만 부산한 몸짓으로 주위를 산만하게 만드는 사람이 있고, 얼굴은 수줍지만 밝은 미소로 주위를 환하게 밝히는 사람이 있다.

대부분 전자의 사람은 넌버벌 커뮤니케이션에 익숙하지 않는 사람들이고, 후자는 넌버벌 커뮤니케이션에 관심을 갖고 꾸준히 연습한 사람들이다. 좋은 첫인상을 주기 위해서는 어떻게 해야 하는지, 상대방과 보다 쉽게 친해지기 위해서는 어떻게 접근해야 하는지, 목적에 따라 어떤 방식으로 넌버벌 커뮤니케이션을 활용해야 하는지를 그들은 안다.

넌버벌 커뮤니케이션이란 몸짓, 자세, 시선, 눈빛, 표정, 제스처, 분위기, 의상 등과 같이 언어 외 수단을 이용한 모든 소통 행위를 의미한다. 인간의 커뮤니케이션에서 언어적Verbal 요소가 차지하는 것은 30%이고, 나머지 70%는 비언어적Non-verbal 요소가 차지한다. 미국의 정신병리학자 쟈겐 루이스는 자신의 저서 《비언어적 커뮤니케이션》에서 다음과 같이 쓰고 있다.

"인간은 언어 이외의 기호를 대략 70만 개나 사용하여 의사소통하고 있다."

감쪽같은 거짓말을 위해 입 근처를 자주 만지는 사람, 불안할 때마다 자신의 소매 단추를 만지작거리거나 다리를 떠는 사람, 일이 잘못

될 때마다 머리를 부여잡는 사람 등 무의식적으로 하는 행위로부터 상대방의 성격과 의도를 읽어낼 수 있다. 따라서 인간의 소통에서 말이 전부가 아니다. 넌버벌 커뮤니케이션을 안다는 것은 사람을 안다는 것이다. 하지만 공감과 이해가 없으면 넌버벌 커뮤니케이션은 아무런 의미가 없다.

* * *

미국의 심리학자 메브러비언에 의하면 듣는 사람은 말하는 사람이 어떤 인물이냐를 판정할 때에 용모 55%, 음성 38%, 말의 내용은 겨우 7% 정도를 참고한다고 한다. 즉 어떤 인물이냐를 판단할 때, 그 인물의 얼굴 모습이 가장 큰 영향을 주고, 그다음이 목소리이며, 말의 내용은 거의 영향을 주지 않는다는 것이다. 말로써 의사를 전달하는 게 너무나 당연하게 느껴지지만, 사실 의사소통 과정에서 언어가 차지하는 비율은 단지 7%에 불과하다. 나머지 93%가 비언어적 커뮤니케이션으로 이루어진 것이다.

이 글을 쓰고 있는 지금, 대통령 선거가 한창이다. 대통령 선거의 백미는 역시 TV토론이다. 국민들의 지지를 얻기 위해 후보들 간의 말싸움이 압권이다. 하지만 말싸움으로 하는 것은 7%를 가지고 싸우는 것이다. 설득해야 할 대상은 상대방 후보가 아니라, TV를 시청하고 있는 국민들이다. 국민들에게 어떤 콘텐츠를 기억하게 하는가가 아니라, 어떤 인상으로 남느냐다. 호감을 주지 못하면 말싸움에서 이겨도 진 것이 된다. 그 호감은 말 이외의 93%를 차지하는 넌버벌 커뮤니케이션으로 결정된다. 넌버벌 커뮤니케이션이 시각 정보를 통해 전달되는 과정은 한순간이다.

지지하는 특정 후보가 없어, 누구를 선택해야 할지 갈등을 느낀다면 이렇게 해보라. TV를 무음으로 해놓고, 후보들을 찬찬히 관찰하라. 그러면 지금까지 보지 못했던 후보들의 다양한 표정들을 볼 수 있다. 또한 그들에게서 나타나는 조바심, 초조, 짜증, 안타까움, 진지, 배려, 당당함, 여유로움 등 다양한 느낌을 받는다. 그 느낌은 말보다 오래도록 당신의 뇌리에 강하게 남는다. 그래서 자연스럽게 어떤 사람이 대통령다운가를 느낌으로 알게 된다. 이렇듯 넌버벌 커뮤니케이션은 우리가 상상하는 것 이상으로 큰 힘을 발휘한다.

사람에게 가장 어려운 일이 뭘까? 아마도 그것은 사람의 마음을 읽는 일일 것이다. 왜? 사람의 마음이라는 것이 눈에 보이지도, 들리지도, 만져지지도 않는 무형이기 때문이다. 또 한편으로는 사람의 마음처럼 속이기도, 착각하게 만들기 쉬운 것도 없다. 왜? 마찬가지로 마음은 무형이기 때문이다.

그래서 인류의 역사에서 황금을 갈망했던 연금술만큼, 사람의 마음을 읽는 독심술에 대한 갈망도 컸다. 그러나 사람의 마음은 그렇게 쉽게 읽을 수 있는 것이 아니다. 좋은 쪽이든 나쁜 쪽이든 사람의 마음이 읽혀서는 안 된 상황이 있고, 그 반대의 상황도 무수히 많다. 그래서 상상 속에서라도 사람의 마음을 읽을 수 있는 일은 즐겁다.

　하지만 다행인지, 불행인지 사람의 마음을 100% 읽는 능력은 현대의 과학으로서는 불가능하다. 하지만 힌트는 얻을 수 있다. 우리는 일상생활에서 오직 언어만 가지고 의사소통을 하지 않는다. 몸짓, 손짓, 시선, 표정 등 '맥락과 상황에 입각한 감각 센스' 즉, 넌버벌 커뮤니케이션으로 의사소통을 한다. 오히려 언어로 전달하기 어려운 의미를, 이런 제스처나 신호로 좀 더 빠르고 손쉽게 전달하는 경우가 많다.

　넌버벌 커뮤니케이션을 잘 관찰해보면 상대방의 심리를 읽어낼 수 있는 무수히 많은 정보들이 존재한다. 즉 무의식적 마음과 넌버벌 커뮤니케이션 사이에는 강한 관련성이 있어, 그것이 무엇을 의미하는가를 파악하면 감추어진 마음무의식을 이해할 수 있다.

　다가오는 미래를 이야기할 때, 가장 핫이슈는 인공지능AI이나 로봇과 관련된 주제들이다. 인공지능이나 로봇이 절대 할 수도, 가질 수도 없는 능력이 바로, 인간만이 가지는 넌버벌 커뮤니케이션에 숨겨진 사람의 마음을 읽는 것이다. 입술은 거짓말을 하고 있어도 진실을 떠들어대는 몸의 언어를 캐치할 수 있는 것은, 오직 인간만의 몫일 것이다.

최광선

PART 3 | 넌버벌 커뮤니케이션을 읽으면 '세상이 즐거워진다'

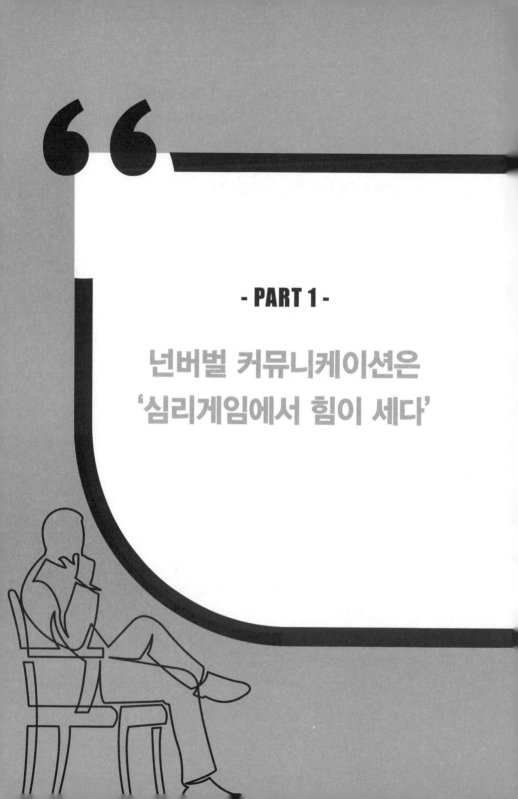

- PART 1 -

넌버벌 커뮤니케이션은
'심리게임에서 힘이 세다'

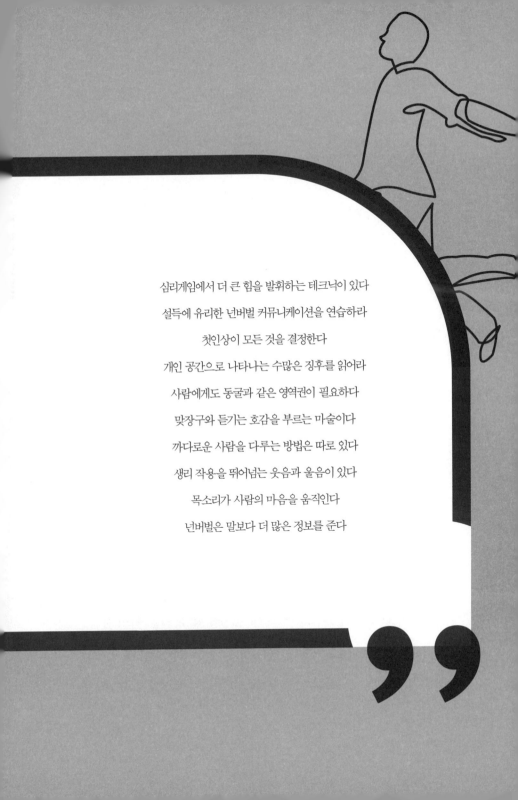

심리게임에서 더 큰 힘을 발휘하는 테크닉이 있다

설득에 유리한 넌버벌 커뮤니케이션을 연습하라

첫인상이 모든 것을 결정한다

개인 공간으로 나타나는 수많은 징후를 읽어라

사람에게도 동굴과 같은 영역권이 필요하다

맞장구와 듣기는 호감을 부르는 마술이다

까다로운 사람을 다루는 방법은 따로 있다

생리 작용을 뛰어넘는 웃음과 울음이 있다

목소리가 사람의 마음을 움직인다

넌버벌은 말보다 더 많은 정보를 준다

심리게임에서
더 큰 힘을 발휘하는
테크닉이 있다

동창회 모임에서 어떤 문제를 두고 오랫동안 궁리했으나 마땅한 대안을 내지 못해 시간을 끈 적이 있다. 그때 나왔던 이야기 가운데 가장 인상적이었던 것은 "나는 잠이나 자둬야겠어."라는 말이었다. 아무리 해도 일이 잘 진전되지 않을 때는 일단 접어두는 편이 낫다는 말이다. '시간이 지나면 어떤 묘안이 떠오를지 모르는 것 아니냐'라는 뜻이다.

사람을 설득할 때 효과가 바로 나타나기는 힘들다. 설득 효과는 보통 어느 정도 시간이 지나야 나타나기 마련인데, 이것을 '가면 효과_{假眠效果}'라고 한다. 잠이나 자둬야겠다는 말은 이 효과를 이용한 것이다. 가면 효과는 시간이 지남에 따라 설득의 내용이 상대에게 순수하게 받아들여지는 것을 말한다.

사람들은 상대의 말을 들을 때 내용과 함께 표정과 몸짓도 살핀다. 그런데 표정과 몸짓에 믿음이 가지 않으면 그 사람이 하는 말까지도 믿지 못하게 된다. 첫인상이 좋지 않으면 하는 말이 아무리 그럴 듯해도 믿고 싶지 않은 경우도 있다.

그러나 시간이 지나면 말하던 사람의 표정과 몸짓 정보가 말의 내용과 분리되어, 내용만으로 사실을 판단하게 된다. 그래서 처음에 부정적이던 생각이 바뀔 수 있는 것이다. 영업사원이 신제품을 선전했으나 고객이 신통치 않은 반응을 보여 포기했다가 나중에 다른 용건으로 그를 방문했을 때, "저번에 말씀하신 제품을 구입하기로 결정했습니다."라는 말을 듣게 되는 경우가 바로 그런 예다.

No를 Yes로 만드는 '심리적 여백'

상대를 설득할 때는 냉각기간을 두고, 가면 효과가 나타나기를 기다리는 편이 효과적이다. 냉각기간을 두면 이야기하는 사람의 인상, 신뢰도와 대화의 내용이 분리된다. 그러면 내용 자체만을 가지고 객관적인 판단을 할 수 있어 상대의 편견에 기초한 처음 의견은 수정되거나 시정된다. No가 Yes로 바뀌는 것이다. 그래서 처음부터 쉽사리 설득되지 않는다 해도 무리하게 강요해서는 안 된다. 잠시 냉각기간을 두고 수면자 효과를 노려 다시 설득하는 것이 상책이다.

가면 효과는 한 달 정도 지난 뒤에 나타나는 경우도 있으므로, 상대가 좀처럼 설득되지 않는다 싶더라도 전하고 싶은 내용은 확실하게 말해둬야 한다. 가면에서 깨어나면 그런 정보가 중대한 포석이 되기 때문이다.

몸 상태가 좋지 않다든지 너무 긴장해서 첫인상을 나쁘게 주는 경우도 있다. 그럴 때 계속 무리하게 상대에게 다가가면 차츰 더 긴장하게 되고, 그다음 만났을 때도 좋은 인상을 주기 어렵다. 이럴 때는 심리학에서 말하는 '**숙지성**熟知性**의 법칙'을 이용하는 것이 효과적이다. 사람은 자주 얼굴을 마주칠수록 친밀감을 느끼게 마련이므로, 포기하지 말고 여러 번 만나는 것이 좋다.** 대화를 나누지 않고 얼굴을 내밀기만 해도 효과가 있다. "자주 찾아오시네요. 차라도 한 잔 드릴까요."라는 말이 나오면 드디어 성공했다고 볼 수 있다.

숙지성의 법칙이 부정적으로 작용하는 경우도 있다. 첫인상이 너무 나쁘면, 오히려 만날수록 인상이 더 나쁘게 고정된다. 이럴 때는 잠시 냉각기간을 둘 필요가 있다. 첫인상이 형성되는 건 순식간이다. 잘못된 첫인상을 바꾸려면 여섯 달 정도 꾸준히 교류해야 한다는 연구 결과도 있다. 첫인상이 잘 변하지 않는 이유는 그것이 우리의 생존 본능과 밀접하게 연관되어 있기 때문이다.

첫인상이 끝까지 가는 것을 '초두初頭 **효과'라고 한다. 한 번 밉보이**

면 끝까지 미워 보인다는 것이다. 나중에 정반대의 정보를 얻더라도 처음 느낀 인상이 변하지 않는 경우를 말한다. 반대로 맨 나중에 얻은 정보에 따라 인상이 바뀌는 것을 '신근新近 효과'라고 한다. 첫인상을 나쁘게 주었다면 신근 효과에 기대를 걸어라. 융통성이 없는 사람이나 권위에 약한 사람, 쉽게 결단을 내리지 못하는 사람에게는 신근 효과가 큰 힘을 발휘한다.

"도울 일 없습니까? 뭐라도 말씀하세요."라면서 자진해서 거래처의 일을 도와 판매에 성공한 영업사원도 있다. 또 상사가 미리 거래처에 전화를 걸어 "전도유망한 사람입니다. 모쪼록 잘 보살펴주십시오."라고 영업사원을 추천하는 것도 좋은 방법이다.

설득이나 교섭에서 두세 번 얼굴을 마주친 상태라면, 좀 친한 척해도 거부감을 주지 않는다. 가까이 다가가 슬쩍 팔이나 손을 잡는다든지, "아, 그렇군요. 김부장님!" 하며 다정하게 호칭을 사용하라. 처음에는 상대가 쑥스러워할 수도 있지만, 곧 당신의 페이스에 말려들어 오래전부터 사귀어온 친구처럼 대할 것이다.

설득해야 하는 상대는 각양각색이다. 따라서 상대의 성격에 맞춰 설득 방법도 달리해야 한다.

- **세밀하고 치밀한 사람, 잔물결 공격** : 관심이 지나쳐 어떤 것도 확실하게 파악하지 않고서는 직성이 풀리지 않는 타입이다. 간격을 두고

자주 방문하면서 조금씩 상세하고 새로운 정보를 제공하라. '더 알고 싶다'는 생각에 당신의 방문을 고대할 것이다.

- **결단이 빠른 사람, 해일**海溢 **공격** : 맨 처음 입수한 정보를 가지고 빠르게 결정하는 타입이므로, 단번에 많은 정보를 제공하는 편이 좋다. 한 번에 승부를 건다는 느낌으로 방문하라.

- **정보 수집을 좋아하는 사람, 잔물결 공격** : 어떤 정보라도 수집하기 좋아하는 타입이다. 정보가 많을수록 신뢰하므로, 많은 정보를 제공한다. 정보만 제공되면 설득에 쉽게 응한다.

- **상상력이 풍부한 사람, 파문**波紋 **공격** : 돌을 던지면 차츰 파문이 이는 타입이다. 호기심이 강하고 어떤 것에도 흥미를 보이므로, 계속 밀착하는 전략이 유리하다. 중요하고도 매력적인 정보만을 제공하라. 이따금 방문해도 좋으나, 방문했을 때는 상상력을 자극하는 화제 중심으로 대화를 나눠야 한다.

- **자존심이 강한 사람, 큰 물결 공격** : 설득당하는 것 자체를 싫어하는 타입이다. 따라서 '스스로 결정했다'는 생각을 갖도록 유도한다. 충분한 자료를 준비해서 완벽한 설득을 꾀한다.

- **타인 지향적인 사람, 풍파**風波 **공격** : 주위에 풍파가 일고 있다는 것을 인식시킨다. "주위 사람들 모두 사용하고 있습니다."라든가, "다른 회사에서도 대부분 이걸 쓰고 있습니다."라고 말하면 효과적이다. 조류에 잘 따르는 타입이므로 자신감을 갖고 적극적인 공세를 하라.

말과 표정을 달리해
상대의 심리를 흔든다

예전에 일본에서 한 남자가 영국 여왕의 조카이자, 미 공군 대령이라고 속여 여성들을 농락한 사건이 있었다. 일본인인 그 남자는 머리를 금발로 염색하고 성형 수술로 코도 높인 뒤, '크오레 대령'이라는 그럴듯한 가짜 이름으로 외국인 행세를 했다. 그 남자에게 속아 넘어간 여성이 다섯 명이나 됐다. 그런데 그중 누구도 그 남자를 의심하지 않았다. 게다가 여성들은 결혼 자금으로 왕실에서 거금이 지급된다는 말에 속아 그에게 거액을 빌려주기까지 했다.

이런 사기꾼이 여성에게 접근할 때는 아마도 "미스 김, 당신은 정말 상냥하고 좋은 사람이야. 나는 당신에게 완전히 빠져 버렸어."라고 아주 다정하게 말하면서도 엄숙한 표정을 짓거나, 입으로 상대의 결점을 나무라면서 몸으로는 애무하는 식으로 상반된 말과 행동을 했을 것이다. 그렇게 하면 상대는 혼란을 느껴 매우 긴장한다. 계속되는 모순된 정보에 판단력이 흔들리고 마침내 상대에게 휘말린다. 심리학에서는 이것을 '이중 구속二重拘束'이라고 한다. 계속해서 이중 구속을 경험한 사람은 극단적인 경우 심각하게 사람을 불신하게 된다.

이중 구속법은 상거래에도 많이 사용된다. 손님이 값을 깎아달라고 조르면서도 별로 사고 싶지 않다는 표정을 짓는 것도, 점원을 이중 구속하는 수법이다. 일종의 위협을 동반하는 이런 수법은 영업사원도 자주 사용한다. 손님의 우유부단한 태도에 더 이상 견딜 수 없다는 듯이, "알았습니다. 그렇게도 결단을 못 내리신다면 댁에게는 팔지 않겠습니다. 실례했습니다."라면서 현관을 나간다. 그러나 곧 되돌아와서 "아, 빠뜨린 설명이 있습니다."라고 흥정을 계속하는 것이다. 이러면 고객은 어리둥절해진다.

입으로는 "Yes."라고 하면서 눈빛은 강하게 "No."라는 의사 표시를 하거나, 방금 전까지 어깨를 껴안는 등 호의를 보이고서는 다른 자리에서 모르는 척하는 표정을 짓는 것도 이중 구속의 한 방법이다. 통상적인 인간관계에서는 다른 사람을 이중 구속 상태에 빠지게 하는 것은 피해야 하지만 **비즈니스와 대인 공략의 측면에서는 상대를 이러한 이중 구속 상태에 빠뜨림으로써, 심리전을 유리하게 전개하는 방법도 생각할 수 있다. 무엇을 선택해야 할지, 무엇을 믿어야 할지 상대는 심리적 동요를 일으키게 된다.** 즉 말과 행동에 모순을 느끼고, 불안해지거나 혼란스러워짐으로써 완전히 페이스를 잃게 된다. 약간의 말과 표정만으로 상대를 심리적으로 휘두르는 수법이다.

설득하기 위해 위협의 방법을 쓰는 예는 이 밖에도 많다. 무공해 세제를 팔면서 "합성 세제를 쓰면 건강에 좋지 않고 환경도 오염된다."고 외친다. 그러나 강한 위협은 역효과를 일으킨다. 설득에 위협이 사용되는 가장 대표적인 예가 금연 캠페인이다. 금연 용품을 판매하는 방법으로 다음 3가지를 들 수 있다.

① 암에 걸린 폐의 컬러사진을 보여주고, 애연가의 폐암 이환율罹患率 과 사망률을 알려준다. 고통을 겪고 있는 말기 암 환자의 모습이나 폐암으로 가족을 잃은 사람의 인터뷰를 보여준다.

② 니코틴으로 더렵혀진 폐의 사진을 보여주고 폐암 증상을 열거한다. 또 담배와 폐암의 관계를 그림이나 데이터를 통해 설명한다.

③ 암 환자의 엑스레이 사진을 보여주고 건강한 사람의 것과 비교한다. 니코틴과 타르가 폐에 끼치는 악영향을 말해주고, 금연하면 건강 에 좋다는 것을 강조한다.

①은 강한 위협이고, ③은 약한 위협이며, ②는 양자의 중간이다. 결과를 보면 결국 가장 효과가 높은 것은 ③의 약한 위협이었다. 이 방법을 사용했을 때 가장 많은 고객이 금연 용품을 구입했다. ①의 강한 위협은 처음에는 사람을 불안하게 만들어 관심을 끌지만, 오래 지속되지는 않아서 실제로 구매 행동으로 연결되기는 어렵다.

이렇듯 강한 위협이 사람을 강하게 끌어들이는 것처럼 보이지만 효과는 그때뿐이다. 오히려 위협이 너무 지나치면 반발을 일으킨다. 약한 위협은 시간이 지난 뒤에 큰 효과를 나타내는 가면 효과를 가진다. 물론 자극이 너무 약하면 위협이 되지 않는다. 반신반의할 정도의 불안이 가장 효과적이다.

시간의 가치는
기다리게 한 사람과 기다린 사람이 다르다

패스트푸드점은 손님들이 기다리는 시간을 1초라도 단축시키기 위해 지혜를 짜낸다. 어느 우동 체인점의 경험에 따르면 손님이 기다릴 수 있는 시간의 한계는 6분이라고 한다. 뜨거운 물을 붓기만 하면 되는 인스턴트 라면은 3분이 한계시간이다. 바쁜 현대 사회에서는 기다리게 하지 않고 상대의 욕구를 채워주는 것이 가장 좋은 판매 전략이다.

옛날 어느 대신은 다른 나라 사신을 맞이하는 솜씨가 아주 뛰어났다. 맨 처음 만나는 사신에게는 "누구보다 먼저 당신과 이야기를 나누고 싶었다."라고 하고, 맨 나중에 만나는 사신에게는 "당신과는 맨 나중에 느긋하게 이야기를 나누고 싶었다."라고 말했다. 이런 말은 '기다려도 당연하다'든가, '기다려도 어쩔 수 없다'고 생각하고 있던 외국 사신을 감동시킨다. 기다린 사람에게 "오래 기다렸습니다."라고 말하지 않고, "충분히 이야기할 시간을 가지려고 차례를 맨 나중으로 돌렸습니다."라고 말하면, 기다린 사람은 '정중한 대접을 받는다'는 느낌을 갖는다. 이렇게 되면 기다리게 한 것이 오히려 긍정적으로 받아들여질 수 있다.

스탠퍼드 대학의 정신의학자 인셀은 기다림이 고통스러운 이유는 기다리는 행위에 '종속 효과'가 작용하기 때문이라고 말한다. 종속 효과란 무엇인가?

기다리게 하는 사람의 시간은 기다리는 사람의 시간보다 가치 있다고 간주되기 때문에, 기다리게 하는 사람은 기다리는 사람의 시간을 좌우할 수 있는 권한을 갖게 된다. 곧 기다리는 사람은 기다리게 하는 사람에게 종속된다.

종속 효과를 이용해서 상대를 기다리게 함으로써 자기가 상대보다 권위 있다는 것을 과시하는 경우도 있다. 회의나 약속에 일부러 늦는다거나, 약속을 어긴다거나, 전화벨이 몇 번이나 울려야 받는다거나, 문을 두드려도 오랫동안 대답을 하지 않거나, 소리를 질러도 들리지 않는 척하는 것 등은 모두 자기는 '바쁘고 중요한 인물'이라는 것을 연출하는 방법이라고 할 수 있다.

약속시간에 늦을 것 같을 때, 당신은 어떻게 하는가?

'상대를 기다리게 해도 괜찮다'는 생각이 든다면, 당신이 상대보다 우위에 있다는 증거다. 기다리는 시간의 정도가 오히려 인기의 척도가 되는 경우도 있다. 어떤 아이스크림 가게에서는 아르바이트생을 고용해서 가게 앞에 서 있게 했더니, 그 뒤로 진짜 손님이 늘어나 매상이 크게 올랐다고 한다.

사람들은 차례를 기다려야 하는 미용실이나 병원을 그만큼 인기 있고 믿을 만하다고 생각한다. 그러므로 "언제 오셔도 좋습니다."라고 하기보다는 "희망하시는 시간을 말씀해주시면 준비해놓고 기다리겠습니다."라고 하는 것이 훨씬 효과적이다.

불가피하게 오랫동안 기다리게 했다면, 미안한 마음이 충분히 드러나도록 정중하게 사과하는 것이 가장 좋은 방법이다. 그러나 실제로 말에 기분을 담는다는 것은 대단히 어려운 일이므로, 그렇게 보이기 위한 몸짓을 같이 하는 경우가 많다. 일례로 "대단히 감사합니다."라고 말하면 자연스럽게 머리도 숙여진다. 말에 기분을 담으려다보면, 그 말에 어울리는 몸짓이 따라 나온다. 이것을 '자기 동조 행동自己同調行動'이라고 부른다.

대인관계에 있어 비의도적으로 상대에게 끼친 피해와 손해에 대한 사과 표시나, 자기에게 보여준 배려에 대한 감사 표시는 언어보다는 비언어적 행동이 더 효과적이다. 말보다는 행동에서 더 진정성을 보여줄 수 있기 때문이다.

동조 행동은 자기의 의견을 억제하여, 상대의 의견에 맞추는 행동으로서 집단의 기준과의 갈등을 피하고 사회적 적응의 촉진을 가져온다. 하지만 지나친 표면적 동조는 오히려 자기표현과 주장을 억제하게 하여 인간관계의 깊이를 감소시킬 수도 있다.

설득에 유리한
넌버벌 커뮤니케이션을
연습하라

만난 지 얼마 안 되는 사람에게서 "식사라도 함께하실까요?"라는 제
의를 받는 수가 많다. 이 말에는 생리적 욕구의 충족보다는 긴장 없는
커뮤니케이션을 통하여 서로의 간격을 좁혀보자는 의미가 포함되어
있다. 오래간만에 길거리에서 만난 친구끼리 "어디 가서 차라도 한 잔
할까?"라고 하거나, 집에 찾아온 손님에게 먼저 차나 과일부터 대접
하는 것도 이런 이유 때문이다.

확실히 식사를 함께하면 정서적 안정과 친근감을 느끼게 된다. 파
티, 데이트, 행사 등에서는 거의 빠뜨리지 않고 음식이 나온다. 의견
이 맞지 않더라도 식사를 함께하면 서로 다투거나 얼굴 붉히는 일을
삼간다.

식사는 사람을
무장해제시킨다

감미로운 음악이 흘러나오는 분위기 있는 곳에서 식사를 함께하는 데이트만큼 두 사람을 더 가깝게 하는 것은 없다. 그래서 데이트 코스에는 반드시 음식점, 레스토랑, 카페 등이 포함된다. 음식을 혼자 먹기보다는 다른 사람과 같이 먹으면 식욕도 더 왕성해진다. 처음 데이트에서 음식 맛을 음미할 여유를 가질 수는 없겠지만, 그래도 식사를 함께한다는 것은 확실히 효과 있는 설득 방법이다.

요즘에는 식사를 함께하면서 상담을 나누는 일이 흔하다. 시간을 절약한다는 이점도 있지만, 심리학적으로도 큰 의미가 있다. 우선 식사를 하는 동안에는 전화를 받거나 다른 업무를 처리할 수 없으므로 방해받지 않고 상대의 시간을 독점할 수 있다. 또 식사를 함께하는 것만으로도 우호관계를 높이는 효과가 있다. "한솥밥을 먹는다."라는 말에서도 알 수 있듯이, 같이 음식을 먹는 사람끼리는 동질성과 친밀감을 느끼게 된다.

누군가를 설득해야 한다면 "같이 식사라도 합시다."라고 권해서 함께 음식을 먹는 상황으로 상대를 이끌어내라. 이것은 경찰관이 피의자를 조사할 때도 자주 쓰는 방법이다. 먼저 피의자를 강하게 몰아붙여 긴장하게 만든 다음, 음식을 시켜 함께 먹는다. 그렇게 하면 피의자는 한순간에 긴장이 풀어져 속을 털어 놓는다.

교섭 장소가 자기 사무실이라면 차나 과자를 대접하면서 식사 때까지 시간을 끌어, 함께 식사하러 가는 것이 좋다. 상대가 함께 식사를 해야 하는 상황으로 몰고 가는 것이다. 정치인들이나 종교인들의 조찬 회담이나 조찬 기도회도 접대보다 만나는 데 의미를 두는 모임이다. 함께 화기애애한 분위기에서 식사를 하게 되면 설득은 반쯤 성공한 것이다.

밤을 새워 노사 간에 단체 교섭을 벌이는 경우가 많다. 그러나 먹지도 마시지도 않고 밤새도록 협상하는 것은 결코 현명한 방법이 아니다. 이럴 때는 "이쯤하고 식사부터 합시다."라면서 교섭을 잠시 중단하고, 서로 냉정하게 대화를 나눌 수 있는 '생리적 환경'을 만드는 것이 사태를 해결하는 데 도움이 된다. **생리적 욕구가 충족되지 않으면 마음이 초조해져서 사소한 일에도 의견이 대립되기 때문이다.**

어둠은 사람의 마음을 부드럽게 만든다

여행을 가서 함께 밤을 지새운 사람끼리는 친근감을 느끼게 된다. 어둡고 좁은 공간에 같이 있으면 일체감을 느끼기 쉽기 때문이다. 이성 사이일수록 어둠은 더 큰 효력을 발휘한다. 그래서 그런지 해질 무렵의 공원에는 데이트족들로 가득하다.

어둠 속에서 친밀감을 느끼기 쉬운 이유는 뭘까?

미국에서 남녀 다섯 커플을 1시간 정도 밝은 방과 어두운 방 안에 가둬 놓고, 시간이 지남에 따라 어떻게 행동하는지를 실험했다. 밝은 방에 있던 커플들은 한 시간 동안 거의 자리를 옮기지 않고 무던한 이야기로 시간을 보냈다. 한편 어두운 방의 커플은 시간이 지남에 따라 대화가 줄어들었다. 그러다가 자리를 옮겨 서로의 몸을 만지고 껴안는 커플이 많아졌다. 어둠 속에서는 서로가 잘 보이지 않기 때문에 별 주저함 없이 급속히 가까워진 것으로 해석된다.

이 실험에서도 알 수 있듯이 이성과 함께 얼굴이 잘 보이지 않을 정도의 어둠 속에 있을 때는 신체 접촉에 대한 거부감이 줄어든다. 소심한 남성이라도 어둠 속에서는 대담해진다. 그래서 남성은 여성을 어두운 곳으로 유혹하는 것이다. 이것은 여성의 경우도 마찬가지다.

어둠은 남녀관계에서 뿐만 아니라 사업 상대를 설득해야 하는 경우에도 효과적이다. 상대를 초대할 때는 장소를 카페나 레스토랑 등 조명이 밝지 않은 곳으로 정하는 것이 좋다. 어둠침침한 곳에 약간의 알코올도 함께한다면, 그 이상 유리한 분위기는 있을 수 없다. 대낮처럼 밝은 곳에서 접대하면, 그런 효과는 기대할 수 없을 것이다.

설득할 상대가 잔업을 자주 하는 성실한 사원이라면, 약속할 때 "좀 늦어도 괜찮겠습니까?"라고 양해를 구한 뒤 늦은 시간에 상대의 사무실을 방문하는 것도 좋다. 그때쯤이면 사무실에는 몇 사람 남아 있지 않거나, 교섭 상대 혼자 남아 있을 수 있다. 불필요한 전기를 꺼 버린 사무실은 적당히 어둠침침하고 창밖은 캄캄하다. 이 정도라면 어둠의 효과를 충분히 살려 성공적인 교섭을 할 수 있다.

보디타임Body Time**이라는 것도 있다. 보디타임이란 인간의 정신과 육체를 지배하는 자연적인 리듬인데, 이 상태가 좋지 않으면 몸은 피로하고 사고 능력이 저하되고 긴장감이 줄어든다.** 보디타임에서 몸의 상태가 가장 좋지 않을 때가 저녁이다. 그래서 저녁 때 교통사고의 발생률이 높은데, 이것도 보디타임의 상태가 좋지 않기 때문이다. 남성에 비해서 정서적 경향이 강한 여성은 보디타임이 좋지 않으면 정신적으로 불안한 상태에 빠져 센티멘털한 기분에 젖기 쉽다. 그래서 여성을 설득하는 것은 저녁 무렵이 가장 효과적이라는 말이 전혀 근거 없는 말이 아니다.

보디타임의 변화가 긴장감을 풀게 한다는 것은 여성에게만 국한되는 것이 아니다. 남성에게도 마찬가지다. 독일의 히틀러도 황혼 무렵에 큰 동작으로 선동하기로 유명한데, 그도 이와 같은 인간의 심리적 경향을 잘 파악하고 있었던 것이다.

이런 보디타임의 변화를 교묘하게 이용하면 비즈니스 세계에서도 유리할 수 있다. 예컨대 난항이 예상되는 상대와의 교섭을 될 수 있는 대로 저녁 무렵에 가지는 것도 하나의 기법이다. 또 회의를 이쪽에 유리한 방향으로 끌고 가려고 할 때는 회의시간을 슬슬 끌어서 저녁때쯤 마치면 된다.

상대는 피로하고 배가 고파 정신적으로 불안하게 되고, 또 사고력도 떨어져 여느 때 같으면 의문을 나타내거나 신중히 검토할 문제도 빨리 끝낼 작정으로 동의해 버리고 만다.

부드러움으로
설득 효과를 높인다

실적이 부진한 영업사원에게 상사가 하는 말은 대체로 심정에 호소하거나 도움이 될 만한 방법을 제시하는 식이다.

"○○○씨, 이번 달 실적이 왜 이래. 언제나 실적이 좋던 ○○○씨답지 않군. 좀 심한 것 아냐? 분발하기 바라네, ○○○씨라면 할 수 있어."

"자네는 실력이 있으니 좀 더 실적을 올려 봐. 그 지역은 아직 파고들 여지가 있으니까, 목표액을 조금 더 올려도 괜찮을 것 같네."

이런 경우 어느 쪽이 효과적이냐 하는 것보다는 상사의 충고나 지적이 부하의 마음에 얼마나 잘 전달되느냐가 중요하다. 잔소리로 끝나지 않는 지적을 하려면 어떻게 하면 될까?

부하를 부르기 전에 자기 자리 옆에 빈 의자를 끌어당겨, 부하를 그곳에 앉게 하고는 말을 꺼낸다. "자네, 저기 있는 의자 좀 가져 와서 앉게."라고 부하에게 시켜도 좋다. 이렇게 상대를 배려하면서 지시하면 쉽게 상대를 공감시키므로 큰 효과를 거둔다. 엄마가 허리를 굽혀

아이를 나무라는 것도 심리학적으로 같은 원리다. '서로의 시선을 같은 높이로 맞추는' 것이다.

따라서 눈높이를 상대에게 맞추고 눈을 똑바로 쳐다보면서 이야기하는 것이 가장 효과적이다. 상사가 슬며시 그런 상황을 만드는 것은 '같은 입장에서 허심탄회하게 이야기를 나누어 보자'라는 넌버벌Non-verbal 신호를 전달하는 것이기도 하다. 또 의자를 바로 곁으로 가져오게 하면 부하와 자기 사이의 거리는 아주 가까워진다. 경우에 따라서는 무릎과 무릎이 맞닿을 정도가 되기도 한다. 이런 위치에서 설득하면 효과가 높아지는 것은 말할 필요도 없다. 부하를 앉혀 놓고 자기는 서서 질책하면 복종을 강요하는 것처럼 돼서 그 자리에서는 듣는 척하겠지만 좋은 결과는 기대할 수 없다.

상사는 부하가 싫어하는 일을 시켜야 할 때도 있다. 마치 프로야구에서 클린업에게 번트를 대라고 한다든지, 한 타자만 잡으면 승리 투수가 되는 투수를 강판시켜야 할 때의 감독 입장과 같은 것이다. 그런 일을 시키는 방법에는 다음 두 가지가 있다.

> ① "이건 명령이야. 무조건 내 말대로 해."라고 강요한다.
> ② "별 볼 일 없는 일이라도 어쩌겠어. 무리하게 강요하지는 않겠지만,
> 눈을 부릅뜨고 한번 해보지 않겠어."라고 목소리를 낮춰 부탁한다.

당신이라면 어느 방법을 취할 것인가. ①은 '지금은 찬밥 더운밥 가릴 때가 아니다. 개인적인 사정은 봐줄 수 없다'는 사고방식이다. ②는 너무 자세를 낮춰 지시하고 있다. 이렇게 얘기하다가 부하의 강한 거부에 부딪치게 되면 설득에 실패할 수도 있다. 그러면 상사로서의 권위에 흠집이 가고, 그 여파는 오래 지속된다. 하기 싫은 일이라도 어쨌든 하게 만들어야 한다면 ①의 방법이 더 낫다.

①의 방법을 쓰면서도 너무 강요한다는 인상을 주지 않고 명령하는 방법은 없을까?

우선 간단한 명령이라면 부하직원의 자리로 가서 지시를 내리는 방법이 있다. 상대에게 가까이 다가가는 것은 친근감을 주기도 하지만, 앉아 있는 부하에게 위에서 내려다보며 지시하는 것이 되기 때문에 강압적인 느낌을 줄 수도 있다. 지시를 내리면서 부하의 어깨에 손을 얹는다든지 몸에 손을 대는 등 간단한 접촉으로 반발심을 누르는 기술도 필요하다. 그래도 강제적인 느낌을 줄 것 같으면, 지시를 내린 뒤 "잘 부탁해. 좋은 결과를 기다리겠어."라고 하면서 어깨나 등을 가볍게 두드려주는 것도 효과적이다. 이때 약간 응시하는 듯한 시선으로 부하를 쳐다보면, '이것은 명령이다'라는 신호를 보내는 것이 된다.

또한 사업 문제로 협상을 벌이다보면 결론을 내려야 하는데, 조금도 진전이 보이지 않을 때가 있다. 완전한 교착 상태에 빠져 더 이상 내놓을 카드도 없다. 상대도 지칠 대로 지친 듯 담배를 계속 피워 물거나, 차만 자꾸 마셔 댄다. 주제와 관계없는 어련무던한 세상 이야기를 나누면서, 속으로 머리를 싸매고 고민한다. 그러다보니 초조해지기만 하고 분위기는 점점 더 무거워진다. 이런 악순환을 단절시키기 위해서는 뭔가 확실한 장면 전환이 필요하다.

무엇이 잘 기억나지 않을 때 잠시 접어두었다가 나중에 생각하면 떠오르듯이, 분위기나 장면의 전환이 새로운 아이디어나 해결 방안을 낳는 경우가 많다.

- **장소를 바꿔본다** : 이것은 고객이 '단골집을 바꾸는 것'과 같은 효과를 준다. 이상하게도 더 이상 마시고 싶지 않던 차도 카페를 바꾸면 더 마실 수 있고, 끊어졌던 대화도 새로운 화제가 생겨 다시 시작된다. 회사 응접실에서 레스토랑이나 커피숍 등으로 자리를 옮겨보라. 그것만으로도 기분이 바뀌어서 새로운 국면이 보일지도 모른다.
- **분위기를 바꿔본다** : 장면 전환을 하려면 극단적인 조치를 취하는 것이 효과적이다. 그때까지 좁은 방에 있었다면 아주 넓은 방으로, 조용한 곳에 있었다면 좀 시끄러운 곳으로, 살풍경한 곳에 있었다면 분위기 좋은 곳으로 옮겨라. 분위기가 바뀌면 감정이 통하기 쉬워지고, 의사소통도 한결 쉬워질 것이다.
- **상대의 '홈그라운드'에서 기를 살려준다** : 어떻게 하면 상대가 만족을 느낄 것인가를 생각해보라. 상대가 가고 싶어 하는 곳이 있으면 거기로 가라. 상대의 단골 술집에 따라가서 마음껏 즐기게 해줘라.

첫인상이
모든 것을
결정한다

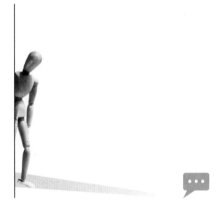

　심리학자들은 보통 첫인상 형성에는 평가_{좋음, 나쁨}, 능력_{강함, 약함}, 활동_{적극적, 소극적}이라는 중심적 차원이 있다고 말한다. 이중에서도 평가가 가장 중요한 차원이며, 그다음으로 능력과 활동은 부차적인 역할을 한다. 첫인상과 관련해 '정보의 제시순서 효과'라는 현상이 있다. 대부분의 경우에는 <u>처음에 제시된 정보가 전체적인 인상에 크게 영향을 미친다. 그리고 그 이후의 정보일수록 효과가 약화된다.</u>

　여기에 재미있는 실험 결과가 있다. 피험자들을 두 그룹으로 나눈 다음, 이들에게 어떤 인물의 특징에 관해 6가지로 설명하되 순서를 바꿨다.

　첫 번째 그룹에는 그 사람을 〈지적이며 → 근면성실하고 → 비판력이 뛰어나지만 → 충동적이며 → 완고하고→ 질투가 심하다〉고 소개했다.

두 번째 그룹에는 〈질투가 심하고 → 완고하고 → 충동적이지만 → 비판력이 뛰어나고 → 근면성실하며 → 지적이다〉라고 소개했다.

이에 첫 번째 그룹은 그 인물을 유능하고 성공한 사람으로 받아들였다. 하지만 두 번째 그룹은 그 사람에 대해 좋지 않은 인상을 받게 되었다. 또한 두 그룹 모두 똑같이 그 인물에 관해 '비판력이 뛰어나다'라는 설명을 들었다. 하지만 첫 번째 그룹은 그것을 지적인 비판으로 이해했고, 두 번째 그룹은 질투 어린 비난으로 받아들였다.

결국 이 실험을 통해 우리는 첫인상이 그 사람의 전체적인 인상을 결정하는 데 중요한 영향을 미친다는 사실을 알 수 있다.

또 다른 예를 들어보자. 심리학자 켈리는 강사가 강의를 시작하기 전에 그 강사에 대해 A반에게는 〈다정하다〉 B반에게는 〈냉정하다〉는 정보를 미리 전달했다. 그리고 강사가 강의를 마치고 돌아가자, 학생들에게 그 강사에 대한 인상을 물었다.

결과는 A반이 B반에 비해 그 강사에게 더 큰 호감을 갖고 있는 것으로 나타났다. 뿐만 아니라 다정하다고 들은 A반 학생들이 B반에 비해 강의에 더 적극적으로 참여했다. 켈리의 이 실험도 첫인상이 그 인물에 대한 전체 인상에 강력한 영향을 끼친다는 사실을 보여준다. 첫인상이 얼마나 강력한 힘을 발휘하는가에 대한 결정적 증명인 셈이다.

첫인상 판단에 걸리는 시간,
'2초'

사전에 수집한 많은 정보보다는 처음 만남에서 얻게 되는 첫인상이 '그 사람의 실체', '그 사람의 본질이나 성격'을 알아내기 쉽게 한다. 직접 만나기 전에 받아두었던 'A회사 대표 ㅇㅇㅇ 사장'이라는 명함만으로는 그가 평소 성품이 좋지 않고, 과거에 다른 사람에게 사기 행각을 벌인 전력이 있다는 것을 밝혀낼 수 없다.

과연 첫인상을 얼굴에서 읽어내는 능력은 어느 정도 정확할까?

그것을 읽어내는 데는 몇 초 정도 걸릴까?

이 의문에 답하기 위해 퍼포먼스 심리학자 사이토는 7명의 남녀 대학원생을 모델로 하여 실험을 실시했다. 먼저 모델의 이름, 취미, 장래계획 등 10초간 간단히 자기소개를 하는 장면을 비디오로 찍었다. 그다음 음성을 지우고, 각 모델의 얼굴 표정만 2초, 5초, 10초간 나타나는 영상을 만들었다. 이 비디오를 보면서 남녀 40명의 사회인이 모델에 대한 첫인상을 질문지에 평가했다. 질문지에 제시된 '밝다', '착실하다', '신뢰감이 없다', '얌전하다', '무기력하다' 등 36개의 성격을 나타내는 형용사 가운데 그 모델에 해당한다고 생각되는 것을 몇 개라도 좋으니 골라 V 표시를 하도록 했다. "주의력을 집중하여 회답용지에 정확하게 기입해주세요."라고 설명하고는 각 모델의 얼굴 영상을 2초, 5초, 10초간 화면에 띄웠다.

실험 결과, 두 가지 결론을 이끌어냈다. 첫째, 사람은 2초에 상대의 성격을 정확하게 읽어낼 수 있으며 둘째, 최초 2초간의 인상은 5초, 10초 동안 관찰되어도 변하지 않는다는 것이었다. 즉 2초간 형성된 상대의 첫인상은 5초, 10초 연장 제시되어도 그 평가는 전혀 변화가 없었다. 7명의 대학원생에 대한 인상평가 결과는 지난 1년간 그들을 겪어본 사이토 교수의 인상평가와 일치하는 것이었다. 그 결과를 다시 확인하기 위해 2주일 후, 남녀 30명씩 모두 60명의 대학생에게 동일한 비디오 영상을 보여주고는 첫인상을 평가하게 했다. 그 결과는 사회인의 실험 결과와 동일했다.

2초라는 눈 깜박할 정도의 짧은 시간에 읽어낸 모델의 인상은 시간이 2배, 5배 지나도 변함이 없었다. 우리가 원래 첫인상을 중요하게 여기고 있었기 때문에 나온 결과가 아니다. "정확하게 판단하고 기술해주세요."라는 지시가 있었기 때문이라고 생각된다. 첫인상을 파악하는 데 무엇보다 중요한 것은 표정에 대한 '주의력' 집중이다.

매초, 매순간
자동조작으로 정보를 얻는다

심리학자 윌리엄 제임스가 한 재미있는 말이 있다.

"우리의 일상생활에서 일어나는 사소한 일은 노력이 필요 없는 자동조작에 의해 일어나는 경우가 대부분이어서, 더 높은 차원인 마음으로 신경 쓸 필요가 없다."

자동조작이 될 정도로 숙련된 동작, 이것은 유명한 기술 장인匠人 등에게는 언제나 그대로 적용되는 말이다. 우리의 호흡도 마찬가지다. 공기를 들이마신 뒤 내뱉는가, 아니면 공기를 내뱉은 뒤 들이키는가를 따지는 사람은 없다. 또 누가 "거기 있는 사과 이리 몇 개 가져와."라고 한다면 말을 알아듣는 사람이라면 누구나 선반에서 그것을 집어올 것이다. "공기를 들이마신 뒤, 또 들이마시는 거 아니야."라고 숨을 멈추어본다든지, "사과가 어느 쪽에 있지?"라고 우물쭈물 대는 사람은 아마 없을 것이다. 이런 동작을 '자동조작'이라고 한다.

이 자동조작의 원리로, 우리는 표정에서 순간적으로 상대방이 어떤 사람인지를 알아내는 것이 아닐까?

말콤 글래드웰의 《블링크》라는 책에서는 '적응성 무의식'이라는 단어가 자주 나온다. 다양한 생활 속에서 1~2초 사이의 순간적인 판단인, 직감이 놀라울 정도로 정확하다면 우리의 생활은 아주 재미있을 것이다. 티모시 윌슨의 책 《내 안의 낯선 나》에서 '나'는 얼굴과 매우 큰 관계가 있다고 생각된다. 많은 과학자가 계산한 '적응성 무의식'의 이점이 인상 판단에도 작용된다는 것이다.

예를 들어 저편에서 트럭이 갑자기 달려오고 있다. 이때 오른쪽으로 피할까, 아니면 왼쪽으로 피할까 하면서 어느 쪽이 안전한가를 순간적으로 판단하게 된다. 이때 우리는 불과 몇 분의 1초로 바른 방향을 선택해낸다. "그것은 인간이 진화함에 따라서 비의식적인 사고를 많이 획득한 결과다."라고 윌슨은 말한다.

'굉장히 미인인데'라는 생각에서 그 사람을 좋아한다든지, 얼핏 보니까 김이 나오고 있는 주전자가 '몹시 뜨거운 것 같은데'라는 생각에서 순간적으로 얼른 손을 뗀다. 이것이 '적응성 무의식'이다. 그럼 이것을 얼굴에 응용해보자. 우리의 오감은 여러 순간에 100만 요소 이상의 정보를 도입하고 있다. 이러한 정보는 눈, 입, 귀 등을 통하여 입력된다. 눈만으로도 1초에 1,000만 이상의 신호를 수신하고, 또 뇌에 송신한다.

과학자들은 사람이 얼마나 빨리 문자를 해독하는가? 빛의 점멸을 얼마나 빨리 의식적으로 탐지하는가? 또 냄새를 얼마나 빨리 분간해내는가를 계측해왔다. 최대한 사람이 의식적으로 처리할 수 있는 것은 1초에 약 40요소의 정보이며, 100만에서 40을 뺀 나머지 정보는 처리할 수 없다고 한다. 이렇듯 세상에는 너무나도 많은 정보가 넘쳐난다. 그러나 다행히도 **우리는 시각에 입력된 정보를 무의식적으로 1초에 1,000만 개 이상 처리한다.**

우리는 인생의 경험을 통하여 자동조작으로 상대의 얼굴에서 몇 개의 정보를 입수한다. 그리고 상대의 얼굴을 보는 순간 "저런 식으로 입을 좌우로 느슨하게 벌리면서 웃는 것으로 봐서는 그는 의지가 약한 사람인 것이 분명해."라든가, "눈을 똑바로 뜨고 시선이 강한 것으로 봐서는 의지가 강한 사람임에 틀림없어."라고 판단한다.

우리에게 적응성 무의식이 없다면 상대방의 첫인상을 형성하는 데 많은 시간이 걸릴 것이다. 갓난아이는 태어난 지 얼마 안 되어 엄마의 얼굴을 정확하게 인식하게 되고, 자라서는 엄마의 얼굴을 닮은 사람을 좋아하게 되고, 또 옛 애인을 닮은 사람에게 첫눈에 반하게 되는 등 우리는 다른 사람의 얼굴에서 여러 가지 적응성 무의식이 생겨난다. 그러나 첫인상을 잘못 오해하는 경우도 없는 것은 아니다.

라포르,
한눈에 반하게 하다

언어가 개재되지 않아도 상대방에게서 신뢰감을 얻고, 호감을 얻는 방법은 얼마든지 있다. 이런 기술을 인지심리학자 토마베치는 '한눈에 반하기 작전'이라고 한다.

이 작전에는 긴장을 풀기 위해 '역복식호흡逆腹式呼吸'을 사용한다. 간단한 방법이어서 누구나 손쉽게 할 수 있다. 숨을 토해내면서 몸에서 힘을 빼고 느슨하게 하면 된다. 숨을 들이킬 때도 몸을 느슨하게 하라. 숨을 들이킬 때는 코로 하는 것이 좋다. 숨을 토해낼 때는 입이나 코 어느 쪽도 상관없다. 요컨대 가능한 한 오래 숨을 내뱉고, 그것에 맞춰 전신에서 힘을 빼라. 이때 머리, 목, 어깨, 등, 장딴지, 발끝 순으로 위에서 아래로 천천히 전신에서 힘을 빼라.

상대방 면전에서 이런 호흡을 해서는 안 된다. 당신의 호흡을 상대가 눈치채지 못하게 해야 한다. 이렇게 긴장을 풀고는 그다음에 상대방과 호흡을 맞춰라. 이것은 자신의 페이스로 상대를 끌어넣는 단계다. 상대의 호흡 리듬을 찾아내어 호흡을 맞추는 것이다. 호흡을 맞춤으로써 서로 편안하게 동조하기 쉽게 된다.

왜 이렇게 긴장을 완화하는 것이 필요한가?

단지 당신의 기운을 안정되게 하려는 것이 아니라, 당신과 상대의 '임장감 공간臨場感空間'을 공유하려는 것이다. 즉 **우리는 같은 상황에 처해 있다는 공감대가 강해지면 현실감도 강해진다. 여기에서 말하는 현실이란 눈에 보이고 손으로 만질 수 있는 물리적 공간만이 아니라, '뇌가 인식하는 세계**내부 표현**'에 정보 공간의 개념이 포함되는 현실을 말한다.**

유명한 심리학 실험이 있다. 실험의 무대는 두 가지 서로 다른 다리다. 한 쪽은 사람이 건너가면 심하게 흔들리는 계곡에 있는 현수교懸垂橋이고, 또 하나는 전혀 흔들리지 않는 튼튼한 다리다. 각각의 다리를 건너오는 남성에게 한 여성이 "심리학 실험에 협력해주세요."라고 말을 건네면서 다가간다. 설문지 조사를 하는 것처럼 꾸민 가짜 실험을 마친 뒤, "결과에 흥미가 있어서 저와 이야기를 나누고 싶으시다면 이곳에 전화해주세요."라고 전화번호가 적힌 종이를 넘겨준다.

그 결과 흔들리는 현수교 다리를 건너온 남성들에게서는 대부분 전화가 걸려왔지만, 흔들리지 않는 다리를 건너온 남성들에게서는 10%

밖에 전화가 오지 않았다. 이것은 흔들리는 다리에서 '위험하다'라는 임장감을 느꼈기 때문이다. 눈앞의 세계에 강하게 집중한 결과, 임장감이 강해진 것이다. 그 임장감 공간에 들어온 여성에 대해 매력을 느껴 친근감을 느낀 것이다. 마찬가지로 운동을 막 마치고 땀을 닦으면서 벤치에 쉬고 있을 때, 눈앞에 나타난 여성에게 남성은 더 큰 매력을 느낀다.

이처럼 **특정한 조건에서 생겨난 친근감을 '라포르**rapport**'라고 한다. 위험한 상황은 강한 라포르를 생기게 하지만, 반대로 아주 안정된 상황도 임장감 공간을 공유하기 쉽게 한다. 임장감 공간을 공유하기 쉽게 하는 친밀한 관계를 만드는 것이 '한눈에 반하기'를 성공시키는 필요조건이 된다.**

개인 공간으로
나타나는
수많은 징후를 읽어라

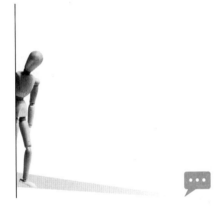

　사람들은 친밀하지 않거나 혈연관계에 있지 않는 사람과 훨씬 더 많은 관계를 맺으며 살아간다. 이런 관계는 세력과 경쟁을 포함한다.

　먼저 세력관계를 살펴보자. 사회 조직에는 계층과 서열이 존재하므로 세력관계가 생길 수밖에 없다. 직장 상사의 지시에 따라 일하고, 군대에서 상관의 명령을 수행하기도 한다. 또 정부 기관에서 요구하는 서류를 제출하고, 경찰관의 심문을 받기도 한다. 이렇게 하는 가운데 세력관계에서 상대의 지시와 감독을 받는 쪽에 서게 된다. 이와 반대의 세력관계도 있다. 주인이 종업원을 대할 때, 교사가 학생을 가르칠 때, 부모가 아이를 대할 때 등이 그런 경우에 해당된다.

　사람들은 또 시험, 시합, 일, 연애 등에서 다른 사람과 경쟁한다. 형제는 부모에게 인정받기 위해, 운동선수는 승리를 얻기 위해, 회사에서는 실적을 올리기 위해, 변호사는 좋은 재판 결과를 얻기 위해, 과학자들은 새로운 발명을 위해 경쟁한다. 사회생활을 하면서 지나친 세력과 경쟁은 피하려고 노력하지만, 둘 다 완전히 배제할 수는 없다.

따라서 세력과 경쟁은 다른 사람과의 상호 작용에 중대한 효과를 미친다. 세력과 경쟁의 대본에 따라 상호 작용이 이뤄지기 때문이다.

세력의 크기는 버벌, 넌버벌 행동 모두에 나타난다

세력의 대본에는 언어적 행동言語的 行動, Verbal Behavior과 비언어적 행동非言語的 行動, Non-verbal Behavior이라는 두 측면이 있다. 세력을 나타내는 비언어적 행동으로서 상대의 어깨를 껴안는 행동이 있다. 사장은 사원의 어깨를 껴안을 수 있으나, 사원은 그렇게 할 수 없다. 이런 몸짓은 교사와 학생, 감독과 선수, 부모와 자식 사이에서도 볼 수 있다.

세력을 나타내는 표시 가운데 '중단의 자유'라는 것도 있다. 세력이 강한 사람은 자기보다 세력이 약한 사람의 말을 도중에 끊을 수 있다. 이것은 무의식적으로 이뤄지지만, 아주 일관성 있게 나타나는 행위다. 조직에서 중단의 자유는 계층과 서열에 따르게 된다. 사장은 부사장의 말을 중단시킬 수 있고, 부사장은 상무의 말을 중단시킬 수 있다. 중단의 자유는 일상 대화에도 나타난다. 대화를 중단시키는 사람이 누구냐에 따라, 그 사람의 세력이 우세하다.

세력과 연관된 공간적 표시도 있다. 사람들은 자기보다 높은 계급이나 지위를 가진 사람과는 일정한 거리를 두고 서는 경향이 있다. 예를 들면 선거 개표 속보를 보고 있던 참모들은 당선이 발표되자, 곧바로 경의를 표시할 수 있는 거리까지 당선인을 둘러싼다. 사람들은 자리에 앉을 때도 세력관계를 의식한다. 직사각형 탁자에 앉을 때는 가장 세력이 있는 인물이 탁자 위쪽에 자리를 잡고, 그보다 세력이 낮은 사람들은 양쪽 옆에 앉는다.

세력의 대본에는 미묘한 시각적 단서들도 포함된다. 예를 들면 세력이 있는 사람은 상대를 쳐다보지 않고 이야기만 듣는 경향이 있다. 그러나 세력이 약한 사람은 세력이 강한 사람의 말을 들을 때, 계속해서 '시각적 주시'를 한다. 시각적 주시는 상대에 대해 존경의 뜻을 표시하는 행위다. 또한 상대의 이야기를 들으면서 허리에 양손을 짚거나 팔짱을 끼고서 의식적으로 고개를 갸우뚱거리는 사람은 세력이 강한 사람이며, 앞으로 양손을 모으고 다소곳한 자세로 서 있는 사람은 세력이 약한 사람이다.

이 밖에 특정한 비언어적 행동도 세력을 나타낼 수 있다. 사회학자 매슈어에 따르면 두 사람이 상호 작용할 때 눈썹에 양자의 세력관계가 반영되는데, 치켜올린 눈썹은 복종을 나타내고 처진 눈썹은 세력이 있음을 나타낸다고 한다. 눈썹을 내린 얼굴이 공격적이고 결연한 표정으로 보이는 데 비해, 눈썹을 치켜올린 얼굴은 부드럽고 순종적인 표정으로 보이기 때문이다.

시합이나 경기에서 승자와 패자는 의식화된 상호 작용을 따르는 경향이 있다. 시합이 끝난 뒤에 승자와 패자가 서로 칭찬하는 데도 정해진 대본이 있다. 패자는 승자에게 경의를 표하면서 "당신이 진정한 승자입니다."라고 말해야지, 자신이 패배한 원인을 운으로 돌리며 변명한다든가 승자의 실력을 무시하는 말을 해서는 안 된다. 승자도 엄격한 경쟁의 대본에 따라 승리의 기쁨을 속으로 감춰야 한다.

일반적으로 승자의 대본이 패자의 것보다 더 엄격하다. 승리의 기쁨을 팀 동료에게 나타내는 것은 괜찮지만, 상대 팀에게 자랑하는 것은 금기로 되어 있다. 만일 우승자가 패자에게 다가가 "당신을 꺾어서 너무 기쁘다."라고 말한다면, 대단히 건방지며 스포츠맨십도 모른다는 비난을 면하기 어려울 것이다. 보통 승자는 아슬아슬한 시합이었다든가, 행운이 명암을 갈랐다든가 하는 식으로 겸손하게 말해야 한다.

승자의 대본 가운데 또 하나 지켜야 할 규칙은 패자의 능력을 무시해서는 안 된다는 것이다. 경기 전에는 상대에 대한 비판이 허용되지만, 경기가 끝난 뒤에 실력을 거론하는 것은 허용되지 않는다. 우승한 팀의 감독이 "상대 팀은 우리 팀보다 한 수 아래다."라고 말하지 않는다. 승자의 실력이 압도적으로 뛰어나서 누구나 승리를 인정하는 경우라도, 해설자나 팬들이 찬사를 보낼 수는 있지만 승자 자신이 스스로를 추켜세우는 것은 허용되지 않는다.

이렇게 패자와 승자에게 각기 다르게 적용되는 대본은 비언어적 행동을 해독하는 데 유용한 단서를 제공한다. 시합이 끝난 선수들 가운데 오늘 운이 있었다고 말하는 쪽은 틀림없이 승자다. 시선을 돌린다든가 약하게 또는 억지로 미소를 짓는 사람은 분명히 패자다. 이 밖에도 목소리가 약해지거나 고개를 떨어뜨리는 행위도 '비언어적 복종'을 나타낸다. 승자는 기쁨과 긍지를 감추려 하고, 패자는 실망과 분노를 은폐하려고 고심하지만, 그 감정은 아무리 감추려 해도 누설된다. 이 누설된 감정이 승패를 읽어내는 단서가 된다.

마음의 거리는
상대방과의 거리

지하철 안이 붐비지 않을 때는 함께 타고 있는 사람의 존재를 그다지 느끼지 못한다. 그러다가 사람이 점점 늘어나면 그때부터 다른 승객에게 신경이 쓰이기 시작하고 점점 불쾌하고 답답해진다. 지하철이 흔들려서 옆에 있는 승객 쪽으로 몸이 쏠리면 거의 반사적으로 몸을 바로잡으려 한다. 더 복잡해지면 팔짱을 끼고 조는 척 눈을 감든지, 차 안에 붙어 있는 광고나 바깥 풍경으로 시선을 돌린다.

붐비는 지하철 안에서 다른 승객의 행동에 신경 쓰게 되는 것은 다른 사람이 자기 몸에 접근하기 때문이다. 차 안이 붐비지 않으면 다른 사람과 거리를 두면 되겠지만, 만원일 때는 그럴 수도 없다. 그래서 이런 불쾌감에서 벗어나기 위해 다른 사람에게 무관심한 척하는 것이다.

다른 사람의 접근에 불쾌감을 느끼는 것은 사람마다 '개인 공간個人空間'을 가지고 있기 때문이다. 개인 공간이란 개개인이 가지는 자신만의 공간이다. 개인 공간의 크기는 사람에 따라 다소 차이가 있지만, 자기 몸을 중심으로 반경 1~2m가 보통이다. 이 공간은 서로 겹칠 수 있으며, 각각 독점하는 정도도 다르다. 개인 공간 안에서는 자신만의 세력을 가지며, 다른 사람에게 방해받기를 거부한다. 방해가 되지 않더라도 다른 사람이 동의 없이 자기 공간으로 진입하면 분노를 느낀다.

개인 공간은 일반적으로 자기 몸을 중심으로 타원형을 이루나, 남성은 여성에 비해 전방이 좀 넓다. 그러므로 **남성끼리 대화를 나눌 때는 정면으로 다가서지 말아야 하고, 여성과 대화를 나눌 때는 측면으로 너무 가까이 다가가지 않도록 주의해야 한다.** 그러나 호의를 가지고 있는 사람에게는 개인 공간에 출입하는 것을 허락한다. 따라서 상대편에게 얼마나 가까이 접근할 수 있느냐 하는 것이, 상대와의 친밀도를 알 수 있는 척도가 된다.

만원인 지하철 안에서 어쩔 수 없이 앞사람을 밀게 되는 경우가 있다. 앞사람은 복잡해서 그렇다는 것을 알면서도 곧바로 뒤돌아보면서, '왜 밀어요'라는 식으로 눈을 흘긴다. 개인 공간을 침해받았을 때 나타나는 반사 행동이다. 자기 가까이에 다른 사람이 있는 것만으로도 행동이 제한받는 것 같아 기분이 나빠지는 경우도 있다.

TV 프로그램에서 '작은 승용차 안에 몇 명의 남녀가 들어갈 수 있는 가' 하는 실험을 한 적이 있다. 예행연습 때는 차 안에 열다섯 명 정도 가 들어가서 차 문까지 닫을 수 있었다. 하지만 막상 촬영이 시작되 자, 도저히 조금 전처럼 차 문을 닫을 수 없었다. 사람의 몸이 갑자기 불어난 것도 아닐 텐데 왜 그럴까?

그 이유는 실험에 참가한 사람들의 개인 공간이 커졌기 때문이다. 예행연습에서 녹화까지 한 시간 정도 기다리는 사이에 참가자들은 서 로 자기소개를 나눴다. 따라서 연습 때는 전혀 모르는 사이였지만, 녹 화 때는 이미 아는 사이가 된 것이다. 혼잡한 지하철이나 엘리베이터 에서는 서로 모르는 사이이므로 잠깐 동안만 불쾌함이나 거북함을 참 으면 되지만, 서로 아는 사이끼리는 접촉에 대해 신경 쓰지 않을 수 없으므로 개인 공간이 커진 것이다.

역이나 공원에 있는 벤치는 몇 사람만 앉아 버리면 다른 사람이 앉 을 수 없는 매우 비경제적인 공간이다. 다섯 사람이 앉을 수 있는 벤 치라도 보통 두 사람 정도만 앉는다. 벤치의 양쪽 끝에 사람이 앉아 있으면, 나중에 온 사람은 가운데 빈자리에 짐만 내려놓고 서 있는 것 이 보통이다. 누가 먼저 앉아 있느냐에 따라 벤치는 더 비경제적인 공 간이 될 수도 있다. 거드름 피우는 중년 신사가 앉아 버리면 그 한 사 람만으로 만원이 된다. 젊고 매력적인 여성 곁에는 도저히 앉을 용기 가 나지 않는 남성도 있다. 기껏 몇 분 동안 앉아 있을 뿐인데도 왜 이렇게 신경을 써야 할까?

사람들이 벤치의 양쪽 끝에 떨어져 앉는 것은 자기의 개인 공간에 다른 사람이 침입하지 못하게 하기 위해서다. 가운데 비어 있는 자리에 앉기 힘든 것도 그렇게 하려면 양쪽 끝에 앉아 있는 두 사람의 개인 공간에 침입해야 하기 때문이다. 따라서 벤치의 한쪽 끝에 누가 앉아 있으면, 그다음에 오는 사람은 반대쪽 끝에 앉는다. 그리고 대부분 반대쪽 사람과의 사이에 윗옷이나 가방을 두어 방호벽을 쌓는다. 개인 공간에 타인이 침입해 있는 혼잡한 상황에 약한 사람은 심인성心因性 질환에 시달릴 수밖에 없다.

사내 연애를 하는 사람들은 '아무도 눈치채지 못할 거야'라고 생각하지만, 직장 동료들은 이미 그들의 관계를 눈치채고 있는 경우가 많다. 자신들의 관계를 모르게 하려고 동료들 앞에서 될 수 있는 대로 떨어져 있으려고 노력하지만, 그래도 가까이 있게 되는 빈도가 훨씬 높을 수밖에 없기 때문이다.

좋아하는 사람끼리 늘 함께 있고 싶다든지 다른 사람들보다 더 가까이서 대화를 나누게 되는 이유는 '개인 공간의 원리'로 설명할 수 있다. 친밀한 사람들 사이에는 개인 공간이 아주 작아진다. 이 원리는 남녀 사이에서뿐만 아니라 동성끼리에도 적용된다. '그 두 사람은 늘 붙어 다니더니 요즘에는 함께 있는 것을 보지 못했어'라는 생각이 들었을 때는 이미 두 사람의 관계가 끝난 뒤일 것이다.

좀 떨어진 거리에서 가끔씩 서로 시선을 주면서 이야기를 나누던 커플이 이제는 무릎을 맞대고 앉아 서로의 눈을 쳐다보면서 이야기를 나눈다면 사랑이 깊어졌다는 증거다. 가까이서 서로의 눈을 보며 이야기하는 것은 매우 친밀한 관계에 있는 사람들에게 서로 허용하는 행동이기 때문이다. 친하지 않은 이성에게 느닷없이 이렇게 하면 상대가 불쾌하게 생각할 것이며, 동성 사이라면 다른 사람에게 동성애자로 의심받을 수도 있다.

상대에게 접근하고 시선을 맞추는 것은 모두 친밀함을 강화시키는 행동이다. 따라서 **두 사람 사이의 친밀도는 '두 사람 사이의 거리'와 '시선의 접촉 정도'에 따라 균형이 유지된다.** 별로 친하지 않은 사람끼리 대화를 나누게 될 때는 서로 시선을 주지 않음으로써 친밀감을 줄여 실제 친밀도에 맞추려 한다. 개인 공간은 상대와의 친밀도뿐만 아니라 각자의 개성, 곧 성격에 따라 변하기도 한다. 대화할 때 아주 가까이 다가와 이야기하는 사람이 있는가 하면, 거리를 두고 이야기하는 사람도 있다.

성격에 따라
개인 공간의 크기가 다르다

분석심리학을 제창한 융은 사람의 성격을 외향성과 내향성으로 나눴다. 외향성은 관심이 외부로 향하고 있어 객관적이고, 사교적이어

53

서 몸을 사리지 않으며, 자신감이 강하여 다른 사람과 함께 일하기를 좋아한다. 반대로 내향성은 관심이 내부로 향하고 있어 주관적이고, 외로움을 잘 타 다른 사람과 관계를 맺는 것을 꺼리며, 자신감이 강하지 못해서 다른 사람과 일하기를 싫어한다.

외향적인 사람은 개인 공간이 작아서 대화를 나눌 때 상대에게 가까이 접근한다. 반대로 내향적인 사람은 상대와 거리를 유지해서 개인 공간을 크게 가지려 한다. 그렇게 해야 다른 사람으로부터 영향을 적게 받을 수 있기 때문이다. 이렇듯 개인 공간의 크기는 사람의 성격을 파악하는 데 유력한 단서가 된다.

- **친화 욕구가 강한 사람** : 친화 욕구란 자기편이 되어 주는 사람이나 자기에게 호의를 보이는 사람에게 가까이 접근해서 관계 맺기를 원하는 욕구다. 이런 욕구가 강한 사람은 개인 공간이 다른 사람에 비해 작다.
- **불안 경향이 높은 사람** : 불안을 많이 느끼는 사람은 다른 사람에게 가까이 다가가려 하지 않는다. 다른 사람에게 접근하면 할수록 자기에 관한 정보가 상대에게 더 많이 노출되기 때문이다. 그래서 개인 공간을 크게 가지려 한다.
- **권위주의적이며 자기를 낮게 평가하는 사람** : 권위적인 성격을 가진 사람은 권위나 전통을 그대로 받아들이며, 자기보다 약한 사람에게는 복종을 요구하는 등 융통성이 없는 행동을 보인다. 게다가 자기 평

성격심리학자 로터는 사람의 성격을 외적 통제와 내적 통제로 분류
했다. 외적 통제가 높은 사람은 성공과 실패가 우연, 문명, 자연, 사회
등 자기로서는 도저히 어떻게 할 수 없는 힘에 따라 좌우된다고 생각
한다. 이에 비해 내적 통제가 높은 사람은 성공과 실패가 자신의 능력
과 노력에 따라 결정된다고 생각한다. 따라서 내적 통제가 높은 사람
은 다른 사람이 자기에게 접근해 와도 그렇게 영향을 받는다고 생각
하지 않는다. 따라서 내적 통제가 높은 사람은 상대적으로 다른 사람
과 접촉하는 것에 저항감을 덜 느낀다.

이렇듯 개인 공간은 상대편에 따라서 다를 뿐만 아니라, 자신의 성
격에 따라서도 다르다는 사실을 알 수 있다. 또 개인 공간은 그때그때
기분에 따라 변하기도 한다. 따라서 상대가 차지하는 개인 공간의 변
화를 통해 상대의 기분을 충분히 파악할 수 있다. 개인 공간은 다른
사람의 성격이나 당시의 기분 등을 알아내는 데 유력한 단서가 된다.

사람에게도
동굴과 같은
영역권이 필요하다

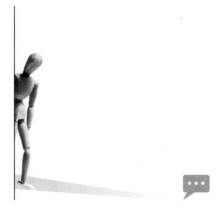

'영역권領域權'이란 원래 동물행동학에서 사용되던 말이다. 개가 담벼락이나 모퉁이마다 소변을 보는 것은 영역권을 주장하기 위한 행동이다. 많은 동물이 이런 영역권 행동을 보이며, 영역권을 지키기 위한 투쟁을 계속한다.

자기의 영역권을 지키기 위해 필사적으로 투쟁하는 이유는 식량을 확보하고 자손을 번식시키기 위해서다. 또 각자의 영역권을 미리 확보해둠으로써 사소한 싸움을 피할 수 있다.

사람도 동물처럼
영역권을 가진다

사람의 경우에는 영역권이라고 하면 먼저 폭력배의 영역권이 연상된다. 폭력배의 영역권은 주로 유흥시설이나 노점 등의 소유권 주장에서 비롯된다. 폭력배의 영역권도 동물의 영역권과 비슷하다. 폭력배 역시 자기 영역권을 잃게 되면 수입이 끊겨 생활이 어려워지므로, 공생 공영이라는 의미에서 서로 영역권을 존중하는 것이다.

폭력배와 같이 특별한 경우가 아니더라도 우리는 일상생활에서 영역권을 많이 찾아볼 수 있다. 집을 장만하면 집 주위에 담을 쌓고, 현관에 견고한 자물쇠를 채운다. 도서관에서 자리를 잠시 비울 때는 가방이나 윗옷을 자리에 놓아둔다. 야유회를 가면 제일 먼저 자리를 펴고 놀 장소부터 만든다. 이런 것들이 일상생활에서 나타나는 인간의 영역권 행동이다.

이렇듯 영역권 행동이란 다른 사람과의 사이에 자기 공간을 설치하는 행위다. 자기 영역권을 만드는 것만큼 중요한 것이 다른 사람의 영역권을 존중하는 것이다. 그래야 다른 사람과의 불필요한 말썽을 피할 수 있고, 복잡한 사회생활에 잘 적응해나갈 수 있다.

동물이 가장 무방비 상태인 때는 잠잘 때다. 그래서 동물은 적의 습격을 피하기 위해 높은 나무 위나 눈에 띄지 않는 구멍 속에 잠자리를 만든다.

사람에게는 집이 안심할 수 있는 보금자리다. 집 주위에 담을 쌓고, 문에 튼튼한 자물쇠를 채우고, 두꺼운 벽으로 방을 둘러싸는 것도 동물과 같은 이유에서라고 할 수 있다. 편안하게 잘 수 있는 집을 갖는 것은 바깥에서 열심히 일하기 위한 필요조건이다.

아침 일찍 출근해서 저녁 늦게 돌아오는 가장들은 집에 있는 시간이 얼마 안 된다. 얼마 안 되는 시간을 머물기 위해 밤마다 꼬박꼬박 집에 돌아오게 하는 원동력은 영역권이다. 집에 돌아와 아내와 아이들의 마중을 받으며 자기 방에 들어가 넥타이를 풀면 바깥에서 받았던 모든 스트레스가 없어지는 느낌이 든다. 자기 방에 들어가면 자유로워지는 것은 자기 영역권 안에서는 다른 사람으로부터 행동에 제약을 받지 않기 때문이다. 격식을 차리지 않아도, 멍청하게 있어도 책잡힐 염려가 없다. 자기 뜻대로 행동할 수 있으므로 자기 정체성을 지킬 수 있다.

하숙을 하던 학생들도 방학이 되면 대부분 귀향한다. 이것도 영역권으로 회귀하는 행동이다. 자기가 쓰던 고향집 방에 돌아가면 예전의 영역권을 되찾을 수 있다. 따라서 자기 영역권에서 그 동안 겪었던 스트레스를 해소하기 위해 귀향한다고 할 수 있다. 고향집에 자기 방이 없어졌다 해도 자기가 태어나 자란 집의 안팎에는 아직도 자기 영역권이 남아 있다. 그래서 고향에 돌아오면 '내 영역으로 돌아왔다'는 것을 실감할 수 있다.

아무리 나이가 들어도 고향을 잊을 수 없는 것은 이런 이유 때문이다. 그래서 설날이나 추석에 벌어지는 민족 대이동은 영원히 없어지지 않을지도 모른다.

오랫동안 집을 떠났던 사람이 집에 돌아왔을 때 왠지 모르게 어색한 기분이 든다면, 집에서 소유하던 자기 영역권이 작아졌거나 없어져버렸기 때문이다. 이는 가족 구성원이라는 존재감이 없어졌음을 의미한다. 가족들에게 자기의 존재가 점점 희미해짐을 느낀다면, 전화나 편지로라도 가족과 자주 연락하면서 자기의 영역권을 계속 확보해둘 필요가 있다. 영역권은 사회활동을 하는 데 모항이나 전진 기지의 역할을 한다.

제발,
제 영역권을 침범하지 말아주세요!

정신과 의사인 이치바시는 교도소에 수감된 사람들 가운데 다른 사람의 접근에 과민 반응을 보이는 사람에 대해 연구했다. 그 결과 이런 수감자들은 대부분 흉기를 사용해서 남을 다치게 하거나 기물 파괴 전과가 있어서 감금된 경험이 있는 사람들로서, 다른 사람이 자기 이름을 부르는 것에도 아주 민감하게 반응한다는 사실을 밝혀냈다.

또 정신의학자 킨젤은 실험자가 거리를 점점 좁혀 갈 때 죄수들이 "그만 거기 서세요."라고 말하는 위치를 가지고, 폭력범과 비폭력범의 개인 공간을 측정했다. 실험 결과, 폭력범의 개인 공간은 비폭력범의 네 배나 된다는 것을 알 수 있었다.

비폭력범의 개인 공간은 일반인과 마찬가지로 전방이 넓은 데 비해, 폭력범의 개인 공간은 후방이 더 넓다는 사실도 밝혀졌다. 개인 공간의 후방은 주변 환경과 교류가 없는 주거 공간으로서 환청, 망상, 작위作爲 체험이 존재한다. 따라서 개인 공간의 후방이 크다는 것은 폭력 행위와 관계가 있을 수 있다.

킨젤의 실험 결과대로라면 **난폭한 성격을 가진 사람이 거리에서 지나가는 사람에게 괜히 시비를 걸고 폭력을 행사하는 것이 당연할지도 모른다. 그들은 일반인이라면 아무렇지 않게 생각할 수 있는 접근을 '개인 공간을 침범당하는 것'이라고 생각하기 때문이다.**

분열증 환자의 개인 공간에 관한 연구도 있다. 정신의학자 나카무네는 환자가 의사에 대해 어느 정도 개인 공간을 가지느냐 하는 것에서, 환자의 의사소통 의도를 추론하는 실험을 했다.

나카무네는 의사와 면접할 때, 환자가 앉고 싶은 자리에 앉게 하고는 입원 직후와 2개월 뒤의 위치를 비교했다.

사고 장애가 있어 언어 전달이 불완전한 분열증 환자의 경우는 입원 직후에는 의사에게서 50~100cm 떨어진 자리에 앉아 시선의 교차조차 어려웠지만, 2개월 뒤에는 시선이 마주치기 쉬운 자리를 선택했다. 그러나 망상, 과민 반응, 거부 태도를 보이며 깊은 의사소통을 거부하는 환자는 입원 직후에는 의사로부터 멀리 떨어진 곳100~140cm에 앉았고, 2개월 뒤에도 위치 선택에 전혀 변화가 보이지 않았다.

홀위츠의 비슷한 연구에 따르면, 입원 직후에 보이는 개인 공간의 크기는 조울병군躁鬱病群, 신경증군, 분열 증후군 순서로 컸다. 그는 또 분열 증후군과 조울병군의 개인 공간은 퇴원할 때쯤 되면 작아지지만 신경증군의 개인 공간은 오히려 커진다는 사실을 알아냈다. 이는 신경증 환자와 병원 직원 사이의 심리적 거리가 더 벌어졌기 때문이라고 추측된다.

무고한 시민이 길을 가다가 어이없이 살상되는 '묻지 마' 사건이 가끔 일어난다. 가해자는 '눈이 마주쳤다'든가 '어깨가 부딪혔다'는 등의 이유 같지 않은 이유를 댄다. 그가 등에 '나는 폭력배입니다. 내게는 절대 가까이 다가오지 마세요'라는 팻말도 걸고 있었다면 미리 조심하겠지만, 스쳐 지나가는 사람이 잠시 쳐다보는 정도로 개인 공간에 어떤 이상이 생기는 사람인지 아닌지를 판단해서 조심하는 것은 매우 어려운 일이다.

세상에는 이처럼 자기가 가지는 공간에 아주 민감한 사람이 있다는 사실을 알아두면, 그런 엄청난 불행을 조금이라도 피할 수 있을지도 모른다.

카페나 레스토랑 등에서 당신을 기다리는 사람이 어떤 자리에 앉아 있느냐를 보고도 그 사람의 성격을 상당히 정확하게 읽어낼 수 있다.

- **벽 가까이 앉아 있는 사람** : 다른 사람과의 관계를 거부하고, 카페에 들어서는 모습을 자기 쪽에서만 관찰하고 싶어 한다.
- **한가운데 자리를 잡고 있는 사람** : 자기 현시욕이 강하고 다른 사람에게는 관심이 없어, 자기와 가까운 자리에 낯선 사람이 있는 것을 거부한다.
- **구석에 앉아 있는 사람** : 다른 사람의 눈에 띄지 않으면서 다른 사람을 엿보고 싶어 한다. 결단력이 없고 침착성이 모자란다.
- **입구 가까이 앉아 있는 사람** : 성급한 성격으로 사양하기를 잘한다.
- **창을 등지고 앉아 있는 사람** : 실제보다 자기를 과장해 보이려는 사람이다. 큰소리치기를 좋아하나 실속은 없다.

회사 동료들끼리 미리 자리를 정해놓지 않고 자유롭게 모여 사진을 찍는 경우가 있다. 연수 여행이나 체육대회, 창립기념일 등의 기념사진이 그렇다. 그러나 막상 서는 자리가 정해진 것을 보면, 지위에 따라 사람들의 위치가 구분된다. 이사나 부장처럼 지위가 높은 사람은 앞줄에, 평사원은 뒷줄이나 주변에 자리를 잡기 마련이고, 과장이나 계장은 그 사이에 선다. 암묵적인 규칙이 존재하는 것이다. 만약 자기의 지위를 무시하고 너무 엉뚱한 곳에 자리를 잡으면 다른 사람의 주목을 받는다.

직장에서 다른 사람에게 높은 평가를 받으려면 어떻게 하면 될까?

위의 그림을 봤을 때, 네 사람 가운데 왼쪽 끝에 서 있는 사람과 오른쪽에 앉아 있는 사람이 지배적이고 중요한 인물로 보인다는 심리 실험에서 밝혀졌다. 어느 쪽이 더 지배적으로 보이느냐는 가운데 있는 세 사람이 고개를 어느 쪽으로 돌리고 있느냐에 따라 달라진다. 곧 서 있는 사람 가운데 ②보다 ①이 지배적으로 보이고, 앉아 있는 사람 가운데는 ③보다 ④가 지배적으로 보인다.

동료 가운데서 자기가 한 발 앞서가고 있다는 사실을 주위에 알리고 싶으면, 이 실험 결과를 이용하면 된다. 한 발 떨어져 있든지, 사람들과 다른 자세를 취하든지 함으로써 차별성을 드러내서 사람들의 시선을 모으는 것이다. 이 광경을 제삼자가 본다면 당신에 대한 평가는 더욱 높아질 것이다.

리더십은 팔의 위치에서도 잘 나타난다. 한 손을 앞으로 내놓거나 팔을 쭉 뻗고 있는 사람은 지배적, 주도적, 현시적顯示的이라는 인상을 준다. 양손을 허리를 집고 서 있는 사람은 자기 관심적自己關心的이며 거만하다는 인상을 준다. 또 한 손이나 양손으로 뒷짐을 지고 있는 사람은 지위가 낮게 보이고, 비겁하다는 인상을 준다.

맞장구와 듣기는
호감을 부르는
마술이다

우스개 이야기가 하나 있다. 어떤 한국 사람이 미국으로 이민을 가서 여러 어려움을 겪다가 잡은 직업이 심리상담사라고 한다. 상담을 받으러 온 미국 사람들의 이야기를 제대로 듣지도 말하지도 못하는데 말이다. 그런데 얼마 지나지 않아, 이 한국 사람이 운영하는 심리상담소는 인근에서 가장 유명한 상담소가 되었다. 어떻게 그런 일이 가능했을까?

답은 이렇다. 말을 제대로 못하니 상대의 이야기와 함께 표정이나 제스처 등에 주목하고, 짧은 영어이니 길게는 말하지 못하고 가끔 리얼리? 오! 예! 으흥! 등등의 호응을 해주는 것이 전부였다. 그런데 상담을 마치고 나간 사람들이 그동안의 스트레스와 문제가 속 시원하게 해결되었고, 자기 말을 그렇게 잘 들어주고 호응해주는 상담사는 처음 보았다며 입소문을 낸 것이다.

사람은 깨어 있는 시간 중에 약 10%를 쓰기에, 15%를 읽기에, 30%를 말하기에, 45%를 듣기에 쓴다고 한다. **성공한 사람일수록 듣기에 쓰는 시간이 더욱 많아져서 평균 55% 이상을 넘긴다.** 말하는 사람은 듣는 사람이 잘 듣고 있다는 신호를 많이 보낼수록 더 기운차고, 말하는 속도도 빨라지고, 몸짓도 많아진다. 하지만 반대로 듣는 사람이 신호를 적게 보낼수록 말하는 사람은 풀이 죽고, 목소리도 위축되어 느려지고 단조로워진다. 몸짓은 아예 사라진다.

남의 말을 잘 들어주는 사람은 말하는 사람의 승인 욕구나 평가 욕구를 충족시켜 자존심을 높여준다. 사람들은 보통 말을 하면서 상대로부터 인정받고 싶어 한다. 때로는 '이런 말을 하면 혹시 바보 취급당하는 것 아니야?'라는 생각이 들 때도 있다. 그럴 때 상대가 고개를 끄덕여주면 그런 불안은 사라진다. 고개를 끄덕이거나 맞장구를 친다는 것은 그 사람의 말을 인정하고 평가해준다는 것을 의미한다.

또 말하는 사람은 자기 말이 상대에게 먹혀 들어가고 있는지가 궁금하다. "지금 이 이야기 재미있어?"라고 자꾸 상대에게 물어볼 수도 없다. 이럴 때는 듣는 사람이 좀 놀라는 표정을 지으면 흥미를 가진다는 표시가 되므로, 안심감과 자신감을 가지고 이야기를 계속해나갈 수 있다.

자주 눈을 맞추고
고개를 끄덕여라

'123 대화법'이 있다. 1번 말하고, 2번 끄덕이고, 3번 맞장구를 치는 것이 최고의 대화법이라는 것이다.

어떤 아나운서의 능란한 사회 솜씨에 아주 감탄한 적이 있다. 평소에는 대단히 빠른 말솜씨로 사회를 보던 사람이 토크쇼 같은 프로그램에서는 '고개만 끄덕이는 사회자'로 변신하기 때문이다. "그렇군요." "정말 그래요?" "어쩌면 그럴 수가!" 능숙한 말솜씨는 어디 가고 쓰는 말은 몇 단어를 벗어나지 않는다. 상대를 편안하게 만들어주는 맞장구는 대화를 자연스럽게 이끌어가는 촉매제 역할을 한다. 이 아나운서는 이런 점을 잘 알고 있기 때문에 훌륭한 말솜씨를 접어두고 장단만 맞추는 것이다.

고개를 끄덕이는 것만으로도 같은 효과를 낼 수 있다. 면접시험에서 인사담당자가 응시자의 말에 고개를 많이 끄덕여주면, 응시자의 대답 시간이 그러지 않을 때보다 길어진다는 실험 결과도 있다. 고개 끄덕임은 말하는 사람에게 '당신의 말을 더 듣고 싶다', '좀 더 이야기를 계속해달라'는 의미로 전해지기 때문이다. 그러면 말하는 사람도 '내 이야기가 상대에게 잘 전달되고 있다'거나 '인정받고 있다'고 느끼므로, 평소보다 혀가 잘 돌아간다. 반대로 듣는 사람의 고개 끄덕임이 적어지면 말할 의욕을 잃는다.

듣는 사람이 많은 경우에도 이 원리는 그대로 적용된다. 몇 백 명의 학생을 상대로 강의할 때, 교수의 말에 맞춰 고개를 끄덕이는 학생이 눈에 띈다. 그때부터 교수는 일 대 일로 이야기한다는 느낌이 들 정도로 그 학생을 주시하면서 신나게 강의한다. 따라서 강의가 잘 진행되지 않을 때는 고개를 끄덕여주는 학생을 찾아 교실을 둘러보게 된다. 그러다보니 강의나 수업의 내용도 듣는 사람의 반응에 따라 좌우된다. 계획에 따라 강의가 진행되지만, 학생의 관심과 흥미에 따라 순서가 바뀌거나 설명하는 비중이 달라지기 때문이다.

이렇게 맞장구나 고개 끄덕임을 적절하게 사용하면서 대화하면, 상대에게 '내 이야기를 충분히 들어줬다'는 만족감을 주므로 설득하기 쉬워진다. 곧 상대의 말을 잘 들어주는 사람이 설득의 명수다.

미국의 추리작가 에드 맥베인의 대표작 《제87경찰서 시리즈》라는 소설이 있다. 뉴욕의 빈민가를 무대로 개성이 넘치는 형사들의 활동상을 그린 재미있는 작품이다. 이 시리즈의 매력은 무엇보다도 가벼운 템포로 전개되는 대화에 있다. 특히 용의자 취조 장면에서 두 형사가 코미디처럼 번갈아 질문을 해서 교묘하게 자백으로 몰고 간다. 용의자는 누구라도 도저히 깰 수 없을 것 같은 알리바이를 들이대지만, 형사들은 끝내 알리바이를 깨뜨리고 만다. 또 대화의 흐름이 생생하게 묘사되어 있어 몇 번 읽어도 지루하지 않다.

《제87경찰서 시리즈》를 예로 들고 있는 이유는 여기에는 빠뜨릴 수 없는 설득술의 힌트가 숨겨져 있기 때문이다. 우리들의 일상생활에서 가장 설득하기 어려운 상대는 이론 정연하게 이유를 대는 사람이다. 이런 사람에게 섣불리 논리로 대응하다보면 오히려 상대의 술수에 휘말리기 쉽다. 그렇다고 잠자코 상대의 이야기에 귀를 기울이면 상대의 심리적 우위를 인정해 버리게 되어 그 페이스에 말려들기 쉽다.

이런 상대에게는 먼저 그 페이스를 뒤흔들어놓는 것이 좋다. 가장 좋은 방법은 "과연 그렇습니다."라든지, "그렇겠군요." 등 자주 맞장구를 쳐서 상대방의 이야기 흐름을 끊어 버리는 것이다. 또는 한마디 한마디에 고개를 끄덕인다든지, 일부러 옆으로 고개를 돌려 관심을 보이지 않는 것이다.

이야기 흐름이 끊기면 상대의 논리적 사고의 흐름도 끊기기 마련이다. 그렇게 되면 생각지도 않은 실수가 나와 이쪽에서 반론을 제기할 계기가 된다.

이런 심리 기법은 국회에서도 자주 이용된다. 장관들의 국회 답변은 보통 미리 준비한 예상 문답을 읽는 것에 지나지 않아, 질문 공세를 펴는 야당 의원이 그 논리의 벽을 무너뜨린다는 것은 쉽지 않다. 그러나 질문자가 경험 많은 의원이라면 상대가 답변할 때 맞장구를 친다든지, 때로는 일부러 답변을 무시하는 체하면서 상대의 답변의 흐름을 끊는다. 이렇게 되면 상당히 답변에 능숙한 장관이라도 점차 자기 페이스를 잃고, 결국에는 진심을 털어놓게 된다. 이론적인 사람일수록 이 분단分斷 작전에는 더 약하다.

듣기가
말하기를 이긴다

말수가 없는 것 같은 영업사원이 좋은 실적을 거둔다면 이런 기법을 이용하고 있을 수 있다. 사람의 마음을 움직이는 데는 활동적인 공격형보다 수동적인 청취형이 더 효과적이다. '남의 말을 들어주기만 하면 주관 없이 상대의 주장대로 끌려가지 않을까', '자기주장의 시대인데 말을 듣는 쪽이 대화를 이끌어간다는 건 말이 안 되는 것 같아'라고 걱정할 수도 있다. 확실히 요즘은 자기 생각을 적극적으로 주장하고 표현해서 다른 사람을 이끌어가는 시대다.

그러나 그런 생각에는 허점이 있다. 말하는 사람은 듣는 사람의 반응을 보면서 거기에 맞춰서 말을 이어가게 되기 때문이다. 곧 **실제로 말의 내용이나 순서들을 좌우하는 것은 듣는 쪽이다. 남의 말을 잘 들어주는 사람은 수동적인 것처럼 보이지만, 사실은 그가 대화를 적극적으로 이끌어간다.** 우수한 사회자는 상대의 말에 잘 끼어들지 않으므로, 언뜻 보아서는 상대의 말에 고개만 끄덕이는 것 같이 보이지만, 결국은 모든 대답을 얻어낸다.

실험자가 피험자의 말 가운데 복수형 -s이 나올 때에만 고개를 끄덕여줌으로써 피험자의 말에 대한 변화를 살펴본 심리학 실험이 있었다. 즉 Eggs, Boys 등 복수형을 사용했을 때만 고개를 끄덕여주었더니, 대화를 진행해감에 따라 피험자의 복수형 사용 빈도가 크게 늘어났다.

　말하는 사람도 혼자서 일방적으로 말만 하는 것이 아니라 상대방의 반응을 봐가면서 말한다. 아무리 열심히 말해도 상대가 들어주지 않는다면 별 의미가 없으므로 무의식중에 상대의 마음에 드는 쪽으로 말을 진행해나간다.

　사람을 전구電球에 비유한 '사회적 충격 이론'이라는 것이 있다. 남의 말을 잘 들어주는 사람은 마치 전구와 같은 존재다. 말하는 사람은 듣는 사람이 내는 빛의 영향을 받게 된다. 여기서 빛이란 성격적으로 밝다든지, 성실하다든지, 개성이 있는 것을 뜻한다. 개성이 강할수록 상대에게 주는 영향은 크다. 듣는 사람이 성실하다든지, 개성이 있으면 효과는 더욱 크다.

　대화에서는 듣는 사람과의 거리도 문제가 된다. 같은 밝기의 전구라도 1m 거리에서는 밝게 비치지만 100m에서는 별로 밝음을 느끼지 못한다. 상대와 떨어져 있는 거리에 따라 영향을 받는 정도가 다르다. 상대와의 거리가 가까울수록 영향을 받기 쉬운 것은 당연하다. 어떤 문제를 전화보다는 직접 찾아가서 상담하려는 것은 상대에게서 더 밝은 빛을 받을 수 있기 때문이다. 그다음은 수數다. 전구는 많을수록 더 빛난다. 즉 듣는 사람이 많을수록 말하는 사람은 영향을 더 받는다.

　표정이나 태도가 넌버벌 커뮤니케이션의 중요 도구가 되는 것은 두말할 나위 없다. 선입관에 사로잡히지 말고 상대의 입장에 서서 듣는 것이 중요하다. 그리고 말을 들으면서 때때로 고개를 끄덕이거나, 웃거나, 놀라는 등 감정을 나타내야 한다. 말하는 사람은 듣는 사람의 반응에 따라 자기주장이 옳은지 그른지를 판단하고 자신감을 가지게 된다.

대부분의 사람은 말 잘하기를 원한다. 그러나 말 잘하는 사람보다 남의 말을 잘 들어주는 사람이 더 사람들에게서 호평을 받는다. 말을 잘하면 그걸로 밥벌이도 할 수 있다. 요즈음은 배우, 탤런트, 뉴스캐스터 등 말 잘하는 사람이 굉장히 인기를 얻고 있다. 그러나 그렇게 되려면 많은 훈련을 받아야 하고, 또 재능도 있어야 한다.

일상 대화에서나 직장생활에서 '나는 너무 말재주가 없어'라고 생각하는 사람이 많다. 학원이나 문화 교실에서 말 잘하는 법을 배우는 사람도 있다. 말 잘하는 사람이 되는 것도 좋지만, 말을 잘 못한다고 고민할 필요는 없다. 말 잘하는 탤런트는 '좋아하는 탤런트 베스트 3'에도 있지만, '싫어하는 탤런트 베스트 3'에도 같이 오르기도 한다. **남의 말을 잘 들어주는 사람이 욕을 먹는다는 말은 거의 들어보지 못했다.**

까다로운 사람을
다루는 방법은
따로 있다

강연 때문에 방문했던 어느 회사에서 우연히 상사가 부하직원을 꾸짖는 소리를 듣게 되었다. 제삼자가 듣기에도 여간 거북할 만큼 심하게 꾸짖고 있었다. 더 놀라운 것은 꾸중을 듣는 부하가 한 마디 대꾸도 하지 않는다는 사실이었다. 상사가 그렇게 흥분하는 것도 무리가 아니라는 생각이 들 정도였다.

이런 경우에 상사는 '나는 회사를 위해, 또 자네를 위해 화내고 있는 거야'라는 일종의 서비스를 한다는 생각을 갖고 있다. 오히려 부하에게서 자신이 베푼 서비스에 대한 보상을 기대한다. 보상이라고 해서 대단한 것은 아니다. 고개를 끄덕여준다든지, "네 그렇습니다." 또는 "그런 줄 몰랐습니다." 등으로 간단히 대꾸해서 상사의 말을 인정하기만 하면 된다. 부하가 아무런 대꾸도 하지 않으면 상사는 자신의 서비스가 무시당한다는 생각에 점점 더 흥분하는 것이다. 이런 경우에 대꾸를 하지 않는다는 것은 일종의 반항이라고 할 수 있다.

상사의 타입에 따른
각각의 대응 전략

꾸중을 들을 때는 적절한 반응을 보여야 한다. 신중하게 듣는 자세를 취하고, 말에 맞춰 고개를 끄덕인다든지, 중간에 맞장구도 쳐야 한다. "부장님 말씀대로입니다. 잘 몰랐습니다. 상세히 지적해주셔서 감사합니다."라고 말하면 '역시 부장님의 능력은 대단하다'는 찬사를 보내는 것이 된다. 그러면 꾸중하는 쪽도 꾸중한 보람을 느낀다.

마음속으로는 아무리 자기 잘못을 인정해도 그 상황에 대처하는 방법을 몰라서 상대에게 오해를 받고, 나아가 상대를 더 화나게 만든다. 꾸중을 듣는 방법을 몰라 손해를 보는 것이다. 상사의 유형에 따라, 부하가 힐책에서 효과적으로 벗어나는 방법을 소개한다.

- **보스형** : 부하의 실수를 크게 나무라지 않는 성격이므로, 안심하고 솔직하게 사죄하라. 될 수 있는 대로 가까이 다가가서 상대의 눈을

쳐다보면서 말하는 것이 좋다. 쓸데없는 변명은 통하지 않는다.

- **열변형** : 당신이 말을 꺼내기 전에 설교가 시작된다. 불끈하는 수가 있으니 반론도 변명도 하지 않는 편이 좋다. 상대와 약간 거리를 두고 서서 손을 앞으로 모으고 고개를 약간 숙여 태풍이 지나가기를 기다려라.

- **엘리트형** : 강한 자신감을 가지고 있는 사람이므로 그것을 건드리는 말이나 행동은 삼가라. 꾸중과 설교가 길어도 지루한 표정을 지으면 안 된다. 정중하게 의견을 들어라.

- **신경질형** : 가까이서 상대의 눈을 쳐다보면서 실수를 솔직히 인정하고 그 대책을 진언하라. 상사 자신이 길게 이야기하는 것을 싫어하는 성격이므로 간단히 할 말만 하고 곧 자리로 돌아와야 한다.

- **고지식형** : 가까이 다가가서 정중하고 짧게 사과하라. 상대의 지적에 확실하게 반응하는 것이 좋다.

- **산전수전형** : 벼락치듯 갑자기 정확하게 지적하는 성격이다. 정면으로 상사를 쳐다보면서 꾸중을 들어라. 상사와 좀 거리를 두고 고개를 숙여 존경의 뜻을 나타내라.

- **대범형** : 일보다는 인간관계를 소중히 여기는 성격이므로 상사에 가까이 다가가서 눈을 쳐다보며 편안한 마음으로 지적을 들어라. 머리를 긁거나 양손을 앞으로 모아 친밀감을 나타내라.

업무 지시 방법을 보고도 상사의 성격을 알 수 있다. 상사가 부하에게 지시를 내리는 방식에는 크게 두 가지가 있다.

- **자기 자리에서 일어나 지시한다** : 자기 입장이나 일에 자신감을 가지고 있다. 상하관계를 별로 의식하지 않는다. 지시하는 내용이 부탁하기 어려운 경우다. 야심가라고 할 수 있다.
- **자기 자리로 불러 지시한다** : 권위를 내세우나, 자신감이 없다. 허세를 부린다. 지시 방법이 상당히 강압적이다. 거친 말을 쓰거나 큰소리로 지시할 때가 많다.

자기가 먼저 부하의 자리로 다가가는 상사는 외향적 성격이며, 자기 자리로 부하를 부르는 상사는 내향적 성격이라고 할 수 있다. 상사가 어느 자리에서 부하에게 업무를 지시하느냐는 부하의 사기에 큰 영향을 미친다.

112번이나 119번 전화를 받는 경찰청이나 소방서 담당관은 고의적으로 조금 느린 말투로 통화하도록 훈련받는다. 범죄나 화재 발생을 신고해올 때, 대부분의 사람들은 흥분한 나머지 말에 조리가 없다. 그러나 담당관이 침착한 어조로 대하면 신고자도 자연히 침착하고 냉정하게 상황을 설명할 수 있게 된다. 긴급 전화를 걸어본 적이 있는 사람이라면 알 수 있지만, 이쪽에서는 긴급 사태를 신고하는 데도 담당자가 전혀 서두르지 않는듯하여 분통이 터지기도 한다. 하지만 통화를 하는 중에 큰 목소리도 작아지고 생각도 정리되어 정확한 신고를 할 수 있게 된다.

그 반대라면 어떻게 될까?

"네, 화재요! 어딥니까? 당신이 있는 곳, 아닌 불난 곳이요! 여기라니요. 여기가 대체 어디란 말입니까? 전화번호, 주소, 아니 번지를 빨리 대세요."

이렇게 대처한다면 신고자는 자기 집의 번지조차 기억해내지 못할 것이다.

느릿한 동작과 말투로 명강의라고 소문난 대학 교수가 있다. 강단에 오를 때까지 천천히 걸어가는 모습이 느려 보이고 교실을 휙 둘러보고 강의를 시작하기까지는 시간이 꽤 걸린다. 즉 그 교수는 빨리 듣고 싶어 하고, 다음 내용을 알고 싶어 하는 학생들을 안달이 나게 하여 자기 페이스에 끌어들이기 위한 것이다.

일상생활에서 따지고 드는 상대를 진정시켜야 할 때가 자주 있다. 그럴 때 정면으로 바른 말로 설명해주어서는 곧이들으려고 하지 않는다. 이럴 때야말로 상대를 자기 페이스에 말려들게 하는 기법이 필요하다. **상대방의 항의를 천천히 반복하거나, 메모하는 동작을 천천히 반복하는 것이 효과적이다. 기세등등하던 상대도 일부러 템포를 늦추면 기세가 꺾여서 점점 냉정을 되찾는다.** 그때부터 진정한 대화를 나눌 수 있게 되고, 또 이쪽에서 주도권을 쥐고 대화를 진행시켜 나갈 수 있다.

택시회사에는 사고처리계가 있는데, 이런 심리적 기법을 이용하여 지나치게 공손하다고 할 정도로 느린 말과 동작으로 흥분한 상대를 구슬린다. 이 기법은 슬슬 적당히 넘어가려는 듯한 인상을 주기도 하지만, 상대방의 감정을 누그러뜨려 냉정을 되찾게 하는 데 아주 효과적이다.

대립하고 반항하면
상황만 악화된다

부당하게 자신을 구박하는 상사에게 자존심을 꺾어 가면서 머리를 숙일 필요가 없다고 말하는 사람도 있다. 이런 경우 누구나 한번쯤 '상사에게 솔직하게 말해보고, 그것도 안 되면 내 입장을 분명히 밝힌 다음 사표를 내면 그만이다. 그러나 그게 쉬운 일이 아니다. 회사를 그만둔다, 그만두지 않는다를 결정해야 하는 사태에 이르기 전에 상사의 부당한 구박을 억제하면서 유쾌하게 대처하는 방법은 없을까?

상사가 갑자기 "자네, 내일 회의보고서 오늘 중으로 정리해서 가져와."라고 무리한 지시를 하거나, "이 서류는 뭐야! 좀 더 머리를 쓸 수 없어!"라며 구체적으로 지적도 해주지 않고 화만 낼 때가 있다. 부하로서 이런 스트레스가 가장 견디기 힘들다. "내일까지 다른 보고서를 내야 하는데요."라고 슬쩍 거절하는 것도 한 방법이지만, 이럴 때 주의해야 할 점이 있다.

프로야구에서 감독이 심판에게 항의하는 장면을 생각해보라. 마주 보고 서서 얼굴과 얼굴, 때로는 가슴을 부딪칠 듯 거세게 항의한다. 가까이 다가가서 상대의 눈을 노려보는 것은 일종의 대결 자세다. 이렇게 되면 필요 이상으로 적대감이 솟구쳐 점점 더 심한 대립 상태가 된다.

부당한 지적을 받았을 때는 상사와 가급적 눈을 마주치지 말고 이야기해야 한다. 대립하는 상황에서 눈을 마주치는 것은 적의와 반항의 뜻으로 전달된다. 몸을 꼿꼿이 세우지 말고 약간 숙이면서, 눈을 마주치지 않고 슬며시 말하는 자세가 제일 좋다. 이렇게 하면 간접적으로 저항 의사를 전하면서도 상사의 감정을 누그러뜨릴 수 있다. 상사에게 말대꾸하고 나서 마음이 편치 않은 사람이라면 자기 말을 마친 뒤 얼른 자리로 돌아오는 것이 좋다. 상사 앞에서 계속 우물쭈물하며 제대로 답변을 못하면 심리적 부담이 더 커진다.

이렇게 난처한 상황에 효과적으로 대처하기 위해서는 평소에 상사와 원만한 관계를 유지해두는 것이 좋다. 상사와 자주 접촉해서 심리적 거리를 좁혀 나가는 것이 좋은 방법이다. 상사에게 인사하는 법부터 일상생활의 사소한 행동 하나하나에 이르기까지, 모든 행동이 은연중에 당신의 인상을 결정한다는 사실을 명심하고 주의해야 한다.

상사와의 거리는 너무 가깝지도 너무 멀지도 않은 것이 좋다. 너무 가까우면 버릇없다는 인상을 줘서 불쾌할 수 있고, 너무 멀면 서먹서먹하게 느낀다. 근접심리학에서는 상사와 부하의 거리, 곧 사회적 거리는 2~2.5m 가량이 좋다고 한다. 상사에게는 이렇게 조금 떨어진 거리에서 존경을 나타내는 것이 좋은데, 거리는 떨어져 있어도 상대의 눈을 봄으로써 친밀감을 표시할 수 있다. 상사와 마주쳤을 때는 걸어가던 중이라도 그 자리에 멈춰 서서 정중하게 인사함으로써 형식적인 인사가 아니라는 인상을 주는 것이 좋다.

업무는 입력, 처리, 출력의 반복이다. 필요한 정보를 모아 머릿속에 집어넣고_{입력}**, 목적에 맞춰 정리하고 연결하여**_{처리}**, 문서를 보고한다**_{출력}**. 상대방에게 행하는 보고도 출력의 하나다.**

일상적인 일에서도 조금만 신경 쓰면 상사에게 좋은 인상을 줄 수 있다. 보고는 상사의 탁자 바로 앞에서 하는 것이 좋다. 상사의 옆에서 하는 것은 효과가 적다. 정면에서 하는 보고가 업무에 철저하다는 인상을 준다. 보고를 시작할 때는 한두 걸음 상사 쪽으로 다가가라. 가까이 다가섬으로써 친숙함을 느끼게 할 수 있다.

"이 지역의 매상에 관해서는 이 보고서의, 아니, 실례했습니다. 둘째 장의 그래프에 있습니다."

이렇게 상사에게 건넨 서류를 손가락으로 짚으면서 가까이 다가선다. 상사는 자연스럽게 당신에게 친밀감을 느낄 것이다.

점심시간이면 회사 옥상에서 아래를 내려다보며 이야기를 나누는 사람들이 눈에 띈다. 그 가운데서도 다른 사람들과 등지고 조금 비스듬히 마주 보고 있는 커플이 가장 다정스럽게 보인다. 소곤소곤 이야기를 나누는 모습이 몰래 둘만의 세계를 꾸미고 있는 것처럼 보인다. 상사와 이야기를 나눌 때 이런 효과를 이용하라. 둘이서 다른 사람에게 등을 돌리고 이야기를 나눈다면 더없이 좋다. 다른 사람에게 '부장의 의논 상대는 저 사람이다'라는 인상을 주므로, 당신에 대한 평가는 자연히 높아진다.

상황에 따른
유성 작전과 읍소 작전

얼마 전, 넥타이를 사러 백화점에 갔었는데, 그때 재미있는 광경을 하나 목격했다. 장난감 판매장에서 세 살쯤 되는 아이가 "장난감 사줘, 장난감 사줘!" 하면서 바닥을 뒹굴며 울고 있었다. 아이가 하는 꼴을 잠시 지켜보던 엄마가 갑자기 "야, 비행기다!" 하고 천장을 가리켰다. 시끄럽게 울던 아이는 갑자기 홀린 듯이 울음을 멈추었다. 떼를 써서 자기 요구를 관철하려던 아이는 울음을 멈추고, 자기가 무엇을 요구하고 있었는지도 잊은 듯 점잖게 엄마의 손에 이끌려 사람들 사이를 빠져나갔다.

이것을 '유성 작전'이라고 한다. 다른 사람의 기를 꺾기 위해서 옛날부터 사용되어온 기법이다. 즉 "야, 별똥별!"이라고 하여 무엇에 열중

하고 있는 상대방의 주의를 잠깐 다른 데로 돌려, 상대방의 긴장을 풀게 하는 방법이다.

한 번 울음을 터뜨린 아이는 아무리 달래고 얼려도 좀처럼 울음을 그치려 하지 않는다. 그럴 때 엄마들은 주위 사람을 의식해 떼를 쓰는 아이를 마치 짐짝 끌듯이 끌고 가는 광경을 많이 볼 수 있다. 아이스크림이나 주스를 사주어 겨우 아이를 달랠 수도 있으나, 그때쯤이면 엄마는 울화통이 터져 있다. 그런 점에서 내가 목격한 '유성 작전'을 쓴 아이의 엄마는 참 잘도 그런 장면을 피해갔다.

물론 '유성 작전'은 아이에게만 효과가 있는 것은 아니다. 마음에 엉킨 실이 팽팽하게 당겨져 있는 긴박한 상황에서도 이 방법을 사용하면 놀라운 효과를 거둘 수 있다. 그것은 나중에 생각해보면 정말 어처구니없다는 생각이 들게 하지만, 그때 그 자리에 있던 사람들의 마음을 누그러뜨리는 수단이 되는 것은 틀림없다.

어떤 회사의 경영자는 노조와의 단체교섭이 긴박한 상황에 이르러 "Yes냐, No냐 확실히 대답해달라."는 노조위원장의 끈질긴 요구가 있자, "자네, 참 목소리가 좋군. 정말 듣기 좋은 목소리야."라고 그때 분위기에 전혀 어울리지 않는 말을 했다. 그곳에 있던 사람들이 모두 웃음을 터뜨리는 것은 말할 것도 없다. 경영자 자신이 의식하고 한 말인지 아닌지는 모르지만, 그것은 상대의 기세를 잠시나마 꺾어놓은 '유성 작전'의 묘수라 할 것이다.

또 다른 방법으로는 '읍소 작전'도 있다. 어떤 선거 운동 전문가에게

들은 이야기인데, 아슬아슬한 당락 선에 있는 후보자에게 남아 있는 최후의 수단은 처자를 동원하여 유권자에게 애원하는 길밖에 없다는 것이다. 애원은 상대보다 심리적으로 열위劣位에 있다는 것을 선언하는 수단이다.

다시 말하면 애원을 받는 측에서 보면 더할 나위 없는 우월감을 가지게 되어 무의식중에 상대의 요구를 받아들이는 심리 상태가 된다. 이러한 심리 기제는 설득 기술로 충분히 활용될 수 있다. **상대의 도움을 이끌어내고 싶을 때에는 이 기법이 도움이 된다.**

예컨대 상담에서 아무리 해도 상대를 설득할 수 없을 때, 마지막 수단으로 "내 입장이 되어 보십시오."라고 애원하는 것이다. 그 말의 이면에는 "당신이 내 입장이라면 그렇게 쌀쌀하게 거절하지는 못할 거예요."라든지, "조금은 내 입장이 되어 주면 좋지 않아요?"라는 상대의 비정함에 대한 비난의 감정이 포함되어 있다.

하지만 그것을 노골적으로 표현하면 부자연스럽다. 슬쩍 애원하는 체하면 상대는 우월감을 느끼게 되고 사소한 것은 신경 쓰지 않게 되므로 이쪽 페이스에 말려들기 쉽다. 물론 상대보다 심리적 우위를 확보하는 것이 설득 기술의 원칙이라는 것은 두말할 나위가 없다. 그렇지만 때와 경우에 따라서는 일부러 표정과 말로 애원하는 척하여 상대보다 열위에 있는 것처럼 보여서, 상대의 심리적 양보를 이끌어내는 기법도 필요하다.

다만 이 기법은 자주 사용해서는 안 된다. 그 이유는 같은 행동을 계속 반복하면 그것이 가식이라 할지라도 그 사람의 심리적 특성으로 정착되어 버리고 말기 때문이다. 가식이 의식 속에 암시로 남아 행동을 지배하는 것은 흔히 있는 일이다. 이것은 어디까지나 어려운 상대를 설득하는 기법의 하나로 간혹 쓰는 편이 좋다.

생리 작용을
뛰어넘는
웃음과 울음이 있다

웃음은 웃음을 유발한다. 여럿이 함께 웃는 것이야말로 웃음의 본질이라고 할 수 있다. 재미있는 이야기를 들으면 누군가에게 들려주면서 함께 웃고 싶은 충동이 생긴다. 이렇듯 웃음은 현실 또는 가상의 사람들과 '공범자'가 된 심정으로 함께하는 행위다. 소리 내서 함께 웃는 동안에는 왜 웃는지 의미를 따지려 하지 않는다. 이럴 때 웃음을 공유하는 형식은 여러 가지다. 상대에게 웃음을 보내 따라 웃도록 강요하기도 하고, 상대가 자기를 이해해주기 바라면서 멋쩍은 웃음이나 자조적인 웃음을 보내기도 한다.

보통의 웃음은 입을 크게 벌리고 소리를 내는 청각적인 것이다. 이에 비해 미소는 소리를 내지 않는 시각적인 것으로 인식된다. 평소의 웃음이 인식에 기초를 둔 인지적 웃음이라고 한다면, 미소는 처세를 도와주는 윤활유 같은 상호 교섭적 웃음이다. 그러나 웃음의 인지적 기능과 상호 교섭적 기능이 반드시 '웃음'과 '미소'라는 형태로 정확히 구분되어 나타나는 것은 아니다.

웃음이 주는
심리적 의미

이해하기 힘들고 오해를 일으키기 쉬운 웃음도 있다. 질문에 답할 수 없을 때 웃는 멋쩍은 웃음, 계산대에서 거스름돈을 틀리게 줬을 때 빙긋 웃는 점원의 웃음, 떠나려는 버스를 잡아타고 싱글싱글 웃는 승객의 웃음 등이 그 예다. 희로애락의 감정이 모두 그렇지만 사회생활을 하면서 때로는 의무적으로 웃어야 할 때가 있다. 파티에서 장례식에 참가한 사람 같은 표정을 지어서는 안 되며, 재미가 없더라도 즐거운 표정을 지어야만 한다.

이렇듯 웃음은 단순한 생리 작용만이 아니라 지적, 심리적, 사회적 작용이다. 개울을 건너다 물에 빠진 사람을 보고 웃고, 얼굴에 밥풀이 붙어 있는 것을 보고 웃기도 한다. 이것은 우월감에서 나오는 웃음이다. 이치에 맞지 않는 것이 오히려 웃음을 자아내기도 한다. 코미디나 만담에서 유도하는 웃음이 대표적인 부조리의 웃음이다. 또 미소는 상대의 경계심을 풀게 한다. 상대에게 미소를 보이는 것은 적의나 악의가 없다는 표시이기 때문이다.

어떤 일이 벌어졌을 때 "웃을 일이 아니다."라고 말을 하는 것은 가볍게 보고 여유 부릴 처지가 아니라는 뜻이다. 노려보고 있는 상대를 웃길 수 있다면, 그것은 상대를 꺾는 것과 마찬가지다. 우월한 입장에 있으므로 상대를 웃길 수 있는 것이다.

'자조自嘲'는 자신의 어리석음과 과실을 비웃음으로써 그것에서 벗어나려는 것이다. 이것은 따지고 보면 자부심에서 나온 것으로, 그 상황에서 자신을 구하려는 데 의도가 있다. 자신의 실수를 웃음으로 얼버무리는 것도 "나는 이렇게 모자랍니다."라는 식으로 상대에게 우월감을 갖게 해서 난처한 입장에서 벗어나려는 것이다.

이렇듯 웃음은 마음을 즐겁게 해주는 기능을 가질 뿐 아니라, 여러 가지 감정을 전하는 수단이 된다. 울음과 마찬가지로 웃음도 일종의 배설 작용이라고 할 수 있다. 특히 젊은 여성은 바람에 떼굴떼굴 굴러가는 가랑잎만 보아도 터져 나오는 웃음을 참지 못하지만, 피로하거나 불행한 처지에 빠지면 거의 웃지 않는다. 웃을 기력조차 없는 것이다. 그런 점에서 보면 고된 일에 시달리는 현대인은 점점 웃음을 잃어간다고 하겠다.

짜증날 때 한바탕 화를 내거나 큰소리로 웃으면 기분이 좀 가라앉는다. 웃음은 일종의 생리 작용이지만 그렇게 간단히 정의할 수는 없다. 웃음은 단순한 생리적 작용만이 아닌 지적, 심리적 작용의 복합체라고 할 수 있다. 웃음의 심리는 꽤 복잡하다. 뽐내며 걷던 젊은이가 바나나 껍질을 밟고 미끄러져 넘어진다. 그 장면을 보고 사람들은 재미있어 한다. 그러나 그 대상이 노인이라면 웃지 않는다.

진화론의 다윈도 사람이 웃을 때는 얼굴의 위 부분과 아래 부분이 서로 관계성을 가진다고 말한다. 심리학자 에크먼은 10개월 된 아이를 관찰해보았다. 아이는 낯선 사람이 다가와도 방긋 방긋 웃지만, 눈 주위의 근육은 움직이지 않는다. 그러나 엄마가 가까이 다가오면 눈 주위의 근육도 함께 움직인다. 아이는 엄마를 좋아하기 때문이다.

이렇게 보면 눈 주위의 근육과 입 주위의 근육을 움직이면서 웃는 사람은 행복감을 느낀다든지, 좋은 환경에 놓여 있는 사람이라고 할 수 있다. 눈 주위의 근육은 움직이지 않고 입 주위만 움직여 웃는 사람은 애교가 있는 사람이라고 할 수 있다.

눈썹과 눈꺼풀 사이의 근육을 자세히 살펴보자. 눈썹이 내려오고 눈꺼풀이 조금 올라와 정말 즐거운 듯이 웃는 것이 진짜 웃음이다. **상대의 거짓말에 속지 않으려면 싱글거리며 웃고 있는 상대가 입만 웃는 것이 아니라 눈도 웃고 있는지 살펴보라.** 당신이 어떤 아이디어를 제시했을 때, "그거 참 좋은 생각이군. 한번 시도해볼까? 하하하!"라고 상사가 웃는다. 하지만 눈 주위의 근육이 움직이지 않는다면 당신의 아이디어를 기뻐하는 것 같아도, 내심 당신이 장래 자기의 라이벌이 되지나 않을까 하는 공포심을 가지고 있는지도 모른다.

진짜 울음
가짜 울음

울음에는 '기뻐서 우는 눈물'이 있는가 하면 '분해 우는 눈물'도 있다. 아르헨티나의 마라도나 선수는 1990년 7월 이탈리아에서 벌어진 월드컵 축구 결승전에서 패한 뒤에 흘린 눈물을 심판에 대한 '분노의 눈물'이라고 말했다. 동물들도 눈물을 흘리기는 하지만 슬퍼서 우는 동물은 없다. 인간의 눈물만이 감정과 연관되어 있다. 울음은 인간 내면의 감정 표현일 뿐만 아니라 의사를 전달하기 위한 방식이기도 하다.

울음은 일종의 시위 행동이라고도 할 수 있다. 실제로 울음은 웃음보다 연극적이어서 '울다가 쓰러지다', '울다가 정신을 잃다'라는 말을 들으면 어떤 장면이 머리에 떠오른다. 우는 사람과 위로하는 사람, 그리고 당혹해 하는 사람, 우는 장소 등 울음에는 대본이 있고 줄거리가 있다. 그런 울음 가운데 배가 고프거나 불쾌해서 또는 무서워서 터뜨리는 어린아이의 울음은 부모에게 자기의 입장을 호소하기 위한 것으로, 이것이야말로 인간 특유의 적응 행동임에 틀림없다.

이렇듯 아이의 울음은 어른과는 좀 다르다. 자기 몸에 불이 붙기나 한 듯 갑자기 큰소리로 우는 경우도 있고, 기분이 나쁘거나 불만스러울 때는 사이렌 같은 소리를 내며 울기도 한다. 이런 울음은 남자 아이에게만 특징적으로 나타나는 일종의 시위 행동이다. 따라서 눈치를 살피며 울음을 조절하기도 한다.

연구에 따르면, 여자 신생아는 다른 아이가 울면 따라 우는 경향이 있다고 한다. 태어날 때부터의 이러한 특징은 일반적으로 여성이 다른 사람의 감정을 읽어내는 데 뛰어나다는 사실과도 관계가 있다. 이것은 '공명 작용共鳴作用'의 하나인데, 그런 공명 능력에 성차性差가 있다는 것은 무척 흥미 있는 사실이다.

일반적으로 사람이 사회생활을 해나가는 데 있어, 상황이나 역할에 따라 기쁘거나 슬프거나 화난 듯이 보여야 하는 경우가 있다. 이렇듯 각각의 상황에 맞는 일정한 감정 표현이 약속되어 있어, 무의식중에 엄격히 지켜지고 있다. 우울한 장면에서 기쁜 표정을 지었을 때, 다른 사람들에게 얼마나 눈총을 받을지 생각해보면 그 사실을 알 수 있을 것이다.

실제로 우리 사회에서는 업무상의 잘못은 허용돼도, 잘못된 감정 표현은 쉽게 용서받지 못한다. 그것은 실수했다고 변명하고 끝날 일이 아니다. **사회가 복잡해질수록 미묘한 감정 표현이 요구되고, 또 그러다보니 점차 사람들이 어떤 상황에서도 무난한 표정을 짓는 데 급급하다. 다시 말하면 우리는 자기 마음대로 감정을 표현하는 것이 아니라, 상황에 따라 적절히 표현할 것을 요구받는 것이다.**

슬픈 장면에서 기뻐하는 표정을 보이면 안 되지만, 기쁜 장면에서는 감격의 눈물을 흘려도 주위 사람에게 지적받지 않는다. 스포츠 대회에서는 승자가 거리낌 없이 '감격의 눈물'을 흘린다. 몇 십 년 만에 만난 부모와 자식이 끊임없이 흘리는 눈물과 '너무 행복해서' 우는 울음은 같은 종류의 눈물로서, 주위 사람들은 '기뻐서 우는 사람'을 위로한 다든가 말리지 않는다. 그 이상 더 극적인 말이 필요 없는 '기쁨의 눈물'은 상당히 가시적可視的이다. 너무 지나치면 아니꼽게 보이는 것은 그 때문이다.

그런데 왜 여성은 남성에 비해 쉽게 눈물을 흘리는 걸까?

그것은 생리적인 이유에서라기보다 그렇게 교육을 받고 자라왔기 때문이라고 해야 할 것 같다. 사내아이는 아주 어렸을 적부터 "남자는 우는 게 아니야!"라는 말을 들으면서 자란다. 사내아이에게는 울음은 남성 실격을 의미하는 것이다. 그러나 여자아이는 울어도 기껏해야 "언제까지 울 거야? 이제 그만 그쳐!"라는 말만 듣는다. 남성에게 잘 운다는 것은 자기의 존재 부정과 같은 의미를 가진다. 하지만 여성은 오히려 잘 울지 않으면 여성다움이 모자라는 것으로 받아들여진다.

또 여성은 남성만큼 퇴행退行을 수치로 생각하지 않는다. 퇴행이란 어릴 적 발달 단계로 되돌아가 유치한 행동을 하는 것을 말한다. 예를 들면 동생이 태어나면 부모의 관심을 되찾으려고 큰 아이가 갑자기 대소변을 못 가리게 되는 것을 말한다. 따라서 운다는 것은 성인에게 있어서는 일종의 퇴행이다.

목소리가
사람의 마음을
움직인다

사람에게는 두 가지 표정이 있다. 하나는 얼굴에 나타나는 표정이고 또 하나는 음성에 나타나는 표정이다. 이 두 표정에는 넌버벌의 요소, 느낌과 감정까지 포함된다. 실제 다른 사람의 말을 듣고 있으면 그 사람의 심리 상태를 짐작할 수 있다. 서로 상대의 모습을 볼 수 없는 전화 통화에서도 상대가 지금 막 잠자리에서 일어나 얼떨떨한 기분인지, 막 목욕을 끝낸 뒤인지, 아니면 열심히 일을 하고 중인지는 30초만 통화해보면 알 수 있다.

지난번에 어느 회사에 전화를 했더니 목소리가 아주 예쁜 여성이 받는데, 그 음성에 감정이 배어 있지 않아서 판에 박은 듯 했다. 이쪽 질문에 대해서 "우리는 그런 상품을 취급하지 않습니다. 아닙니다. 모릅니다. 전혀 관계없습니다."라는 식으로 마치 책을 읽듯이 대답하니까, 더 이상 질문을 하고 싶지 않았다.

제2의 표정,
목소리

목소리에는 인간의 감정과 의견이 담겨 있다. 물론 말의 내용도 문제가 되지만 말의 속도, 음정, 음색 등이 말의 내용을 꾸미는 중요한 요소가 된다. 우리들은 무의식중에 그것들로 말의 의미를 전하려 하고, 듣는 입장에서도 그 속에서 의미를 읽어내려 한다. 그러므로 로봇에서 나오는 목소리처럼 상대가 아무런 감정이 배어 있지 않은 목소리로 말하면 우리는 당황하게 된다. 때로는 말 속에 정반대의 의미가 포함되어 있는 경우도 있지만, 주의 깊게 들으면 진심을 읽어낼 수가 있다.

먼저 말의 속도다. 말의 속도가 빠르면 능변, 느리면 눌변이라 한다. 사람에 따라 능변인 사람과 눌변인 사람이 있다. 그것은 기질과 성격에 따라 결정되지만, 중요한 것은 보통 때와 다른 속도로 말한다면 그것을 통해 상대의 심리를 읽어낼 수 있다는 것이다.

예를 들면 능변인 사람이 갑자기 더듬거리며 말한다거나, 반대로 보통 때는 말을 더듬거리던 사람이 아주 능변으로 말할 때는 그 이유를 살펴볼 필요가 있다. 일반적으로 상대에 대해 불만이나 적대감을 가질 때는 말의 속도가 평소보다 느려져 눌변이라는 느낌이 들게 하고, 반대로 양심에 가책을 느낄 때나 거짓말을 할 때는 빠른 속도로 말해 능변이라는 느낌이 들게 한다.

어떤 텔레비전 토크쇼에서 한 참석자가 "남성이 외도를 하고 온 날은 대체로 아내에게 말을 더 잘하게 된다."라고 말하는 장면이 있었다. 이 말을 심리학적으로 분석하면, 걱정과 불안 또는 공포가 그 심층심리 있을 때 말의 속도가 빨라져 말을 많이 하게 된다는 것이다. 자기의 마음속에 있는 불안과 공포를 숨기려는 의도가 있기 때문이다. 이때는 자기를 냉정히 돌아볼 수 있는 여유가 없어 별 내용 없는 말을 많이 하게 되는데, 눈치 빠른 사람은 그 사람의 심리적 동요를 곧 눈치챌 수 있다. 직장에서도 마찬가지다. 평소에 과묵하던 사람이 갑자기 말이 많아졌다면 그 사람은 다른 사람에게 알리고 싶지 않은 비밀을 갖고 있다고 하겠다.

또 보통 때에는 말이 별로 없던 친구가 전화를 걸어 큰소리로 말을 많이 한다면 "자네 오늘은 좀 이상해. 보통 때와는 달라."라고 해보라. 그러면 상대는 갑자기 말이 적어지면서, "사실은 부서를 옮기게 되었는데, 마치 회사를 옮기는 듯한 느낌이 들어서……."라고 띄엄띄엄 말할 것이다.

또 음정에서도 그 사람의 심리를 읽어낼 수 있다. 외도한 남편이 아내에게 변명하려 애쓸 때는 갑자기 목소리가 높아진다. 일반적으로 상대의 의견에 반대하려 할 때는 목소리를 높이는 것이 가장 쉬운 방법이다. 확실히 사람은 목소리를 높여 격한 말을 함으로써 상대를 압도하려 하는데, 이때 음량도 같이 커진다. 음정이 높은 목소리는 어린 아이들이 제멋대로 굴 때의 표현 형태라고 할 수 있다. 일반적으로 목소리는 나이가 들수록 낮아진다. 그만큼 인간의 정신 구조가 성장하여 '버릇없이 제멋대로 구는 기분'을 억제하려 하기 때문이다.

그러나 앞의 예처럼 성인의 경우에도 음정이 높아지는 경우가 있다. 그럴 때는 그 사람의 심층심리가 유아기의 수준으로 퇴행한 상태라고 볼 수 있다. 곧 제멋대로 굴고 싶은 마음을 억제할 수 없게 된 것이다. 이때는 다른 사람이 하는 말이 전혀 귀에 들어오지 않는다.

얼마 전 어떤 토크쇼에 참석한 적이 있는데, 좌담 중에 한 참석자가 여성 참석자를 비판하는 듯한 발언을 했다. 그러자 갑자기 그녀가 금속성 목소리를 내며 흥분하는 바람에 좌담의 분위기는 순식간에 엉망이 되고 말았다. 말이 서로 통할 수 있는 분위기가 전혀 되지 못했다. 이처럼 음정을 높여 말할 때는 미숙한 정신 상태에 있다고 해도 좋을 것이다.

또 화술에는 억양이라는 것이 있다. 억양이 심한 말은 강한 인상을 남긴다. 어느 나라든 지방에 따라 사투리가 있다. 사투리는 독특한 억양을 갖기 때문에 특징이 있다. 어떤 회사원은 장기 출장으로 지방에 가면 그 지방 사투리의 억양이 몸에 배서 서울에 돌아와서도 얼마 동안은 그 사투리를 쓰게 된다고 한다. 토산품을 파는 상인이라면 오히려 이러한 것이 도움이 되어, 다른 사람에게 친근감을 줄 수도 있다.

그러나 이런 경우를 제외하고, 억양이 강한 말을 하는 사람이 있을 때 그것을 그 사람의 버릇이라고만 보아 넘겨서는 그 심층심리를 꿰뚫어 볼 수가 없다. 그런 사람은 상대의 주의를 자기에게로 끌어들이고 싶어 한다고 할 수 있다. 즉 자기 현시욕自己顯示欲의 강도가 음정의 억양으로 나타난 것이다.

말을 할 때, 음성이 주는 느낌과 상태 말고도 말 자체가 가진 리듬이 중요하다. 자신감에 가득 찬 사람의 말 속에는 단정적인 리듬감이 있으나, 자신감이 없는 사람과 여성적인 사람의 말에는 리듬감이 없다. "우리 둘만의 이야기인데……."라고 목소리를 낮춰 말하는 사람이 있다. 이렇게 말하는 사람은 다른 사람의 추문과 결점을 소곤소곤 말하지만, 마음속으로는 그 말이 다른 곳으로 퍼지지 않을까 하는 불안감을 갖고 있다.

자기 말을 오래 하는 사람은 혹시 반론이 나오지 않을까 하는 불안감을 갖고 있다. 반대로 빨리 말을 끝내는 사람도 반론을 두려워하거나, 자기가 내린 결론 이외의 다른 결론은 없을 것이라고 착각하는 사람이다.

또 말끝을 흐리는 경우가 있다. 우리말은 말끝에 결론이 나오므로 말끝을 애매하게 하면 전혀 의미를 알 수 없는 경우가 많다. 이런 식으로 말하는 사람은 자기 말에 책임을 지지 않으려는 의식이 강한 사람이라고 할 수 있다.

'이것은 나만의 생각이지만'이라든가, '일률적으로 말할 수는 없지만'이라고 말을 한정 지어 하는 것도 마찬가지 경우다. 신경질적인 사람이 특히 이렇게 말을 한정 지어 많이 쓴다.

목소리에도 표정이 있다

설득에 가장 도움이 되는 목소리는 낮고 굵으면서 좀 빠르게 억양을 넣어 낭랑하게 말하는 목소리다. 이런 목소리는 듣는 사람에게 말하는 사람이 '신뢰성과 적극성이 있으며 세련되고, 다른 사람보다 우위에 있다'는 인상을 준다.

- **낮고 굵다** : 뽐내기 좋아한다. 현실적이며 원숙미가 있다. 세련되며 적응력이 강하다.
- **낭랑하다** : 에너지가 넘친다. 열의가 있다. 세련되며 과장하기 좋아하고 재미있다. 완고하고 예술적이다.
- **말하는 속도가 빠르다** : 생기가 넘친다. 외향적이다.
- **억양이 많다** : 정력적이며 여성적이다. 예술가형이다.

이상은 설득에 도움이 되는 목소리다. 설득을 방해하는 목소리는 다음과 같다.

- **콧소리가 섞여 있다** : 사회생활에서 바람직하지 않은 목소리다.
- **쇳소리가 난다** : 고장 난 기계의 노킹소리 소리처럼 들린다. 말의 내용보다 먼저 귀에 거슬린다.
- **억양이 없다** : 남성적이다. 정이 없다. 적극성이 없다.
- **긴장하는 느낌이 든다** : 건방지며 양보심이 없고 싸우기 좋아한다.

대통령 후보들은 TV토론을 통하여 자기들의 정책 구상을 밝힌다. 그때 국민들은 그들의 인품을 파악하여 지지 성향을 굳히는 수가 많다. 또 전국에 방영되므로 후보 모두가 필사적으로 토론에 임한다. TV토론을 보고 느끼는 점은 반드시 정책 구상만으로 토론의 우열이 판가름 나는 것이 아니라는 점이다. 발성법과 화술에 의해서 크게 좌우된다는 것을 알 수 있다. 즉 누가 '대통령다운' 발성법과 화술을 지녔냐는 것이다.

그렇다면 '대통령다운' 화술이라든가 발성법이란 도대체 어떤 것일까?

사람을 매료시키는 목소리에 대하여 생각해보자. 미국의 심리학자 메브러비언에 의하면 듣는 사람은 **말하는 사람이 어떤 인물이냐를 판정할 때 용모 55%, 음성 38%, 말의 내용은 겨우 7% 정도 참고한다.** 즉 어떤 인물이냐를 판단할 때 그 인물의 얼굴 모습이 가장 큰 영향을 주고, 그다음이 목소리이며, 말의 내용은 거의 영향을 주지 않는다는 것이다. 외모가 가장 큰 판단 기준이 된다는 것은 잘 알고 있지만 말의 내용보다도 목소리가 더 큰 영향을 준다는 것은 의외다. 즉 자기 자신을 밝힌다든지, 상대방의 관심을 끈다든지, 상대방을 설득하는 데는 말의 내용보다 목소리가 더 중요하다는 것이다.

목소리의 질을 연구한 보고에 의하면 남성의 낮은 음성은 높은 음성에 비해 '세련되고 매력적이며 섹시하다'는 인상을 주어, 상대방에게 안정감을 주며 또 적극성이 있는 인물로 보인다. 목소리와 성격의 관계는 확실히 밝혀지지는 않고 있으나, 대개 외향적인 사람과 리더십이 있는 사람의 목소리는 크고 낮으며 울리는 특징이 있다. 톤이 높지 않고 울리는 목소리가 매력적인 음성이라 하겠다.

그러나 아무리 발성법에 주의한다고 하더라도 말하는 방법에 따라서 상대방이 받아들이는 느낌은 아주 다르다. 병원이나 은행에서 '○○씨'라고 불릴 때는 관심이 담긴 목소리로 느껴지나 손아랫사람에게서 그렇게 불릴 때는 비웃음으로 느껴지게 된다.

또 호감을 느끼는 사람에게는 목소리가 자기도 모르는 사이에 높아질 때도 있다. 좋은 인상을 주려는 상대방에게는 큰 목소리로 억양을 구사하고 속도를 빨리 하여 거침없이 말하면, 자신의 감정이 상대방에게 잘 전해진다. 담당 의사가 수술을 받을 환자에게 크고 확실한 목소리로 "괜찮으니까 안심하세요!"라고 말해주면 환자는 안심감과 함께 신뢰감을 갖는다. 그러나 의사가 작은 목소리로 빨리 말한다면 어쩐지 불안감이 들어 병원을 바꾸고 싶은 생각이 들 수도 있다.

목소리는 상대에게 신뢰감을 전달하는 역할을 하며 성격 판단의 재료로서도 아주 중요하다. 툭툭 말을 내뱉는 사람보다 또릿또릿하게 말하는 사람이 밝은 이미지를 준다. **목소리 그 자체는 바꿀 수 없지만 속도, 간격, 크기 등을 바꿈으로써 말하는 사람의 이미지를 바꿀 수 있다.** 자기 목소리가 어둡다고 생각되면 밝게 들릴 수 있도록 훈련해보라. 그렇게 하면 훨씬 당신은 밝고 믿음직스럽게 보인다. 훈련만 하면 누구라도 '목소리가 아름다운 사람', '목소리가 잘 생긴 사람'이 될 수 있다.

우리는 일상 대화에서 상대에 따라 발성과 대화 방법을 달리하고 있다. 동급생끼리와 회사 동료끼리 말할 때의 대화 방법이 다르고, 또 전화로 말할 때와 직접 만나 대화를 나눌 때의 대화 방법도 다르다. 이처럼 동창, 동호회, 회사 등에는 그 그룹에 공통되는 스피치 스타일이 있다. 우리는 서로 유사성이 많으면 호감을 가지고, 이질성이 많으면 싫어하는 경향을 가진다. 동일한 대화 방법을 가짐으로써 서로 일체감을 얻을 수 있다. 오래간만에 찾은 고향에서 사투리로 말하는 것은 이런 이유 때문이다. 상대를 고려하여 상대에게 맞는 대화 방법을 가짐으로써 상대로부터 호감을 얻을 수 있게 된다.

넌버벌 신호는
말보다 더 많은
정보를 준다

대화 내용은 전혀 생각나지 않으면서도 대화를 나눈 상대의 이미지는 지울 수 없는 경우가 있다. 그런 상대는 나중에 곰곰이 생각해보면 틀림없이 이야기를 열심히, 그리고 진지하게 하여 듣는 사람을 매료시키는 사람이다. 대화가 끝난 후, 그 사람과 이야기한 내용만이 머리에 남는 것은 아니다. 말하는 사람의 이미지나 이야기하는 모습도 기억에 남는다. 심리학 용어로 '전경前景'과 '배경背景'이 듣는 사람에게 함께 지각된다. '전경前景'은 이야기하는 내용이고, '배경背景'은 이야기하는 모습이다.

이 전경과 배경이 때로는 역전되기도 한다. 즉 때로는 이야기하는 모습이 내용보다 듣는 사람에게 더 인상을 지어 주는 경우도 있다. 말하는 사람의 동작이 듣는 사람의 의식의 전면에 나오는 '전경', 이야기 내용은 듣는 사람의 의식의 배후로 물러서는 '배경'의 역할을 한다. 여성이 실제의 성격이나 이야기 내용과 관계없이 연인을 '친절한 사람', '좋은 사람'으로 보는 것도 그 때문이다.

말솜씨보다 태도가
마음을 움직인다

무슨 결정을 내린다든지 내용을 들으려는 목적이 아니라, 상대에게 강한 인상을 주거나 신뢰관계를 구축하려는 것이 목적인 경우에는 진지하게 이야기 하는 것이 중요하다.

대표적인 예로 플레이보이가 여성을 유혹할 때다. 남성이 무언가를 열심히 이야기하고 있는 것을 상대방 여성이 눈을 반짝이며 열심히 듣고 있는 광경을 자주 발견한다. 이럴 때 남성은 별 대수롭지 않은 화제를 열심히 진지하게 이야기한다. 음악에 관한 이야기, 영화에 관한 이야기, 유행에 관한 이야기가 거의 대부분이다. 물론 철학과 경제 이야기일 수도 있다. 상대방 여성은 이야기 내용이 별로 재미가 없어도 이미 '멋있는 남성'이라는 첫인상을 가진 터이므로, 이야기 내용은 아무래도 좋다는 듯 열심히 듣고 있다.

이처럼 **긍정적인 이미지를 상대에게 심어 줌으로써 상대로 하여금**

어떠한 화제에도 열심히 귀를 기울이게 만드는 것은 설득에 절대 필요한 요소다.

작가인 A씨는 화술이 뛰어나기로 유명했다. 파티 같은 데서도 다른 사람이 이야기할 때는 떠들썩하던 분위기가 A씨가 이야기를 시작하면 물을 끼얹은 듯 조용해진다. 한번은 어떤 파티에서 인사말을 부탁받고 연단에 선 A씨가 회의장이 조용해질 때까지 잠시 말을 하지 않고 서 있기만 했다. 그랬더니 이쪽저쪽에서 사람들이 팔꿈치로 서로 톡톡 치면서 조용하기를 종용하여, 얼마 안 있어 마치 썰물이 밀려가듯 조용해졌다. 그 순간을 포착하여 A씨는 "참 시끄럽군, 개구쟁이들처럼 왜들 그래요?"라고 말했다. 사람들은 재미있는 말솜씨에 모두들 웃음을 터뜨렸다.

이럴 때 의식적으로 목소리를 낮춘다든가 말을 멈추면 효과적이다. 그렇게 하면 청중들은 '뭘 이야기하고 있지?', '왜 잠자코 있지?'라는 생각이 들어서 주의를 이쪽으로 돌린다. 청중이 웅성거리는데 아무리 연사가 소리 높여 떠든다 해도 무슨 소용이 있겠는가? 그렇게 되면 아주 우스꽝스런 '혼자만의 씨름'으로 끝나고 만다.

강연처럼 일대다수—對多數가 아니라, 일대일—對—로 흥정할 때도 마찬가지다. 한쪽에서는 열심히 말을 하는 데도 전혀 맞장구치지 않고 관심을 보이지 않는 사람이 있다. 그런 태도로 나오는 데도 이쪽 말만 계속하면 상대방은 대수롭지 않게 여기고 딴전만 부린다. 심리적으로 상대방이 우위에 있을 때에 이런 경우가 많다. 말하는 사람이 집요하게 매달릴수록 상대는 더욱 무시하는 태도를 취한다.

이쪽이 얼굴을 붉혀서 설복하려고 하면 할수록 상대방은 '소귀에 경 읽기'로 더욱 쌀쌀한 태도로 나온다. 이미 이쪽 이야기는 상대에게 단순한 배경음악으로밖에 들리지 않아, 아무리 설득해도 한낱 '소리'로밖에 들리지 않는다. 이럴 때는 이야기하는 도중에 소리의 크기를 갑자기 낮춘다든지, 얼마간 잠자코 있다든지 하여 '소리'에 변화를 주어보라. 귀를 막고 마음의 문을 닫아두고 있던 상대라도 작은 목소리를 내거나 먼저 반응을 보이면서 마음의 문을 연다. 상대가 스스로 이야기를 들으려는 자세를 취했을 때, 설득을 재개해야 효과적이다.

애인의 마음을 읽듯이
부하의 마음을 읽어라

큰 실수를 저질렀을 때, 사람은 누구라도 크게 반성하는 마음이 생긴다. 예를 들면 그 시합만 이기면 우승할 수 있는 야구 결승 경기에서 0 대 0으로 맞이한 9회 말 공격에서 노아웃 주자 2루였다고 하자. 그러나 주자가 방심하는 틈에 그만 견제구에 걸려 아웃되고 말았다. 주자는 머리를 푹 숙인 채 벤치로 돌아온다. 그때 감독이 다른 선수들 앞에서 그 선수에게 고래고래 소리 지르며 나무란다면 어떻게 될까?

그 선수는 몸 둘 바를 모르고 더욱 의기소침해질 것이다. 반대로 감독이 "괜찮아, 괜찮아."라고 선수를 위로해준다면 선수는 의기충천해서 연장전에서 굿바이히트를 날릴 수도 있다.

사람은 누구라도 실수를 저지른다. 정도에 차이가 있을 뿐이다. 상사는 부하의 실수를 나무란다. 그러나 문제는 어떤 식으로 야단치느냐 하는 데 있다. 가장 좋지 못한 방법은 실수를 할 때에 야단만 치는 것이다. 부하는 실수하면 야단만 맞는 기계적 반응만이 일어나므로 그 순간만 모면하려는 소극적인 태도를 취하게 된다. 이런 상태에서는 의욕과 창의성이 생기지 않는다. 실수를 저질러 자책감을 느끼고 있고 설상가상으로 책망만 들으면 상사와의 신뢰관계가 허물어지기 쉽다.

설득에 뛰어난 사람은 상대의 실수를 잘 이용한다. 그 한 가지 방법은 일상적인 사소한 실수, 예를 들어 조그만 계산 착오 같은 것은 하나하나 지적하지만 큰 실수를 저질렀을 때에는 일부러 모르는 체하고 등을 두드려주거나 머리를 쓰다듬어 준다. 큰 실수를 저지르면 누구나 자책감을 가진다. 이때 오히려 격려를 받으면 반성과 아울러 의욕이 생긴다. 큰 실수를 저질렀을 때 불문에 붙여진 사람은, 보통의 작은 실수 때문에 힐책을 받아도 반발심 같은 것은 느끼지 않고 오히려 상사에게 감사하는 마음을 가진다.

사람은 누구나 '내 마음을 알아준다'고 생각하는 상대에게는 마음을 열고 신뢰를 보낸다. 따라서 다른 사람과 관계를 맺기 위해서는 우선 그 사람의 마음을 읽어야 한다. 그러나 사람의 마음을 읽어내기란 무척 어려운 일이다. 상대의 마음을 읽어내지 못하면 '어떻게 하려는 거지?', '왜 저런 태도로 나올까?', '도대체 무슨 생각을 하고 있지?' 하는 생각에 마음이 불안해진다. 셰익스피어도 "얼굴 표정만 보고 사람 마음을 알아내려 하지 말라."고 했듯이, 표정만으로는 마음을 읽어낼 수 없다. 상대의 마음을 알려면 표정뿐만 아니라 몸짓 전체를 봐야 한다.

남자 동료 가운데 여자의 마음을 읽어내는 데 뛰어난 사람이 있다. 언제나 여자에게 호의를 가지고 선입견 없이 대하는 그 사람은 상대 여자의 감정과 기분을 그대로 읽어낸다. 그 사람도 남자이므로 여자의 호감을 사기 위해 거짓으로 이해하는 척할 수도 있겠지만, 그보다는 여자의 마음속 깊이 파고들어 여자의 입장에서 생각하기 때문에 가능한 일이라고 생각된다. 인기를 노리는 남자는 자기중심적이어서 주위 사람에게 생각이 미치지 못하는 경향이 많아, 오히려 여자의 심리에는 둔감하다.

부하의 심리에 민감한 상사는 부하에 대해 애정을 가지고 부하 쪽에서서 문제를 생각하는 사람이다. 이런 사람들은 선입견 없이 부하의 마음에 접근한다. 동서양을 막론하고 뛰어난 상사는 부하의 표정이나 자세에서 나타나는 넌버벌 정보를 정확하게 읽어내는 능력이 있는 사람이다.

《IBM WAY》라는 책을 쓴 로저스는 IBM의 임원을 지낸 사람인데, 이 책에서 갓 입사했을 무렵 자신이 겪은 에피소드를 하나 소개하고 있다.

사원 연수원에서 사원 교육의 첫 단계인 판매 훈련 강좌를 수강하고 있을 때였다. 마침 아내의 출산일이 임박해서 옆에 있고 싶었지만, 입사한 지 얼마 되지 않았기 때문에 휴가를 낼 엄두조차 내지 못하고 있었다.

사장의 강의가 있는 날이었다. 휴식시간에 집에 전화를 할까 말까 하며 망설이고 있는 나에게 사장이 다가와서는 "무슨 고민 있어?"라고 물었다. 사정을 말하자, "뭘 꾸물거리고 있어? 빨리 집에 가서 아내를 도와주게나." 하며 사장은 내 등을 떠밀었다.

이 이야기는 개인을 존중하는 경영 방침을 말해주는 것이지만, 사장이 갓 입사한 사원의 마음에까지 그렇게 세심하게 대응하는 것에 감탄하지 않을 수 없다. 상사는 자기 처지나 지위에서 벗어나 부하의 표정, 기색, 자세에서 마음의 상태를 읽어내려고 애써야 한다. 상사가 부하의 마음을 이해해줄 때, 부하는 존경하는 상사를 위해 더욱 열심히 일할 것이다. 상사는 무엇보다도 자기중심적 사고에서 벗어나야 한다.

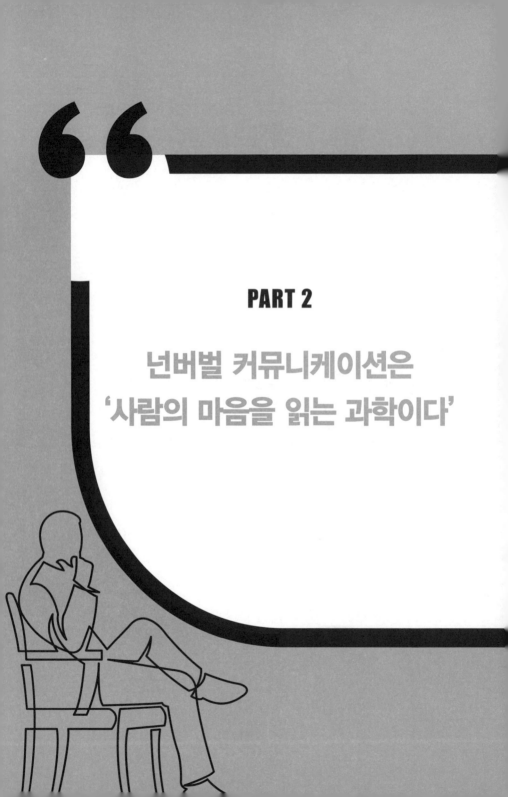

PART 2

넌버벌 커뮤니케이션은 '사람의 마음을 읽는 과학이다'

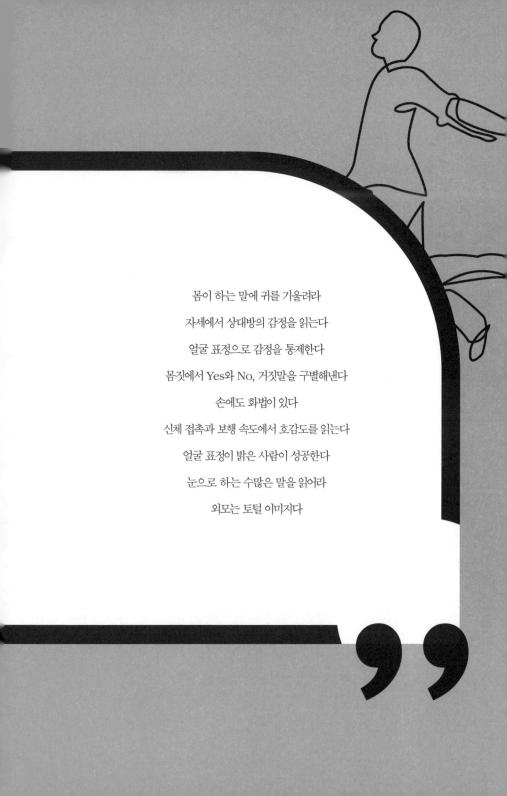

몸이 하는 말에 귀를 기울려라

자세에서 상대방의 감정을 읽는다

얼굴 표정으로 감정을 통제한다

몸짓에서 Yes와 No, 거짓말을 구별해낸다

손에도 화법이 있다

신체 접촉과 보행 속도에서 호감도를 읽는다

얼굴 표정이 밝은 사람이 성공한다

눈으로 하는 수많은 말을 읽어라

외모는 토털 이미지다

몸이 하는 말에 귀를 기울려라

사람의 커뮤니케이션 방법에는 '버벌 커뮤니케이션Verbal Communication, 언어적 의사소통'과 '넌버벌 커뮤니케이션Non-verbal Communication, 비언어적 의사소통' 두 가지가 있다.

버벌 커뮤니케이션은 말을 통한 객관적인 의사전달을 담당한다. 주로 사무적인 연락 등이 이것에 속한다. 한편 넌버벌 커뮤니케이션은 말 이외의 표정이나 동작을 통한 감정 전달이 중심이 된다. 상대의 호의나 친근감을 끌어낼 때는 이 넌버벌 커뮤니케이션을 이용하는 경우가 많다. 즉 인터럭셔널 싱크로니Interlocutional Synchronism, 친근한 사람끼리의 자세나 행동의 일치를 뜻하는 심리학 용어와 같은 넌버벌 커뮤니케이션을 의도적이지만 자연스럽게 연출해 상대의 심리 상태에 접근하는 것이다.

넌버벌 커뮤니케이션이란 말 그대로 몸짓, 자세, 시선, 눈빛, 표정, 제스처, 분위기, 의상 등과 같이 언어 외 수단을 이용한 모든 소통 행위를 의미한다. 인간의 커뮤니케이션에서 언어적Verbal 요소가 차지하는 것은 30%이고, 나머지 70%는 비언어적Non-verbal 요소가 차지한다. 학문적으로는 '키네식스kinesics'라 하여 심리 요법 분야에서 연구된 것이다. 정신과 의사가 환자와 대면해 환자의 신체에서 엿보이는 증세를 환자의 입을 통한 말과 조화시켜 치료한다는 입장에서 나온 용어다.

미국의 정신병리학자 쟈겐 루이스는 자신의 저서 《비언어적 커뮤니케이션》에서 다음과 같이 쓰고 있다.

"인간은 언어 이외의 기호를 대략 70만 개나 사용하여 의사소통을 하고 있다."

우리가 일상적으로 사용하는 어휘와 비교하면 넌버벌 커뮤니케이션의 역할이 얼마나 큰 것인지를 쉽게 알 수 있다. 사람은 의식하든 의식하고 있지 않든지 간에 여러 가지 방법을 사용해 자신의 의도와 감정을 전달하려고 한다. 마음속으로 생각하는 것 모두가 밖으로 드러난다고 해도 과언이 아니다.

이러한 언어 이외의 형태로 발전된 넌버벌 신호는 대부분 상대방의 잠재의식을 통해 받아들여진다.

얼굴보다 몸이 하는 말에
더 주목하라

사람의 감정은 얼굴만이 아니라 몸 전체에도 나타난다. 상대편의 감정을 읽으려면, 얼굴 표정의 변화와 함께 몸동작에도 주목해야 한다. 마음을 표현하는 몸동작을 미국의 심리학자 메브러비언은 '보디랭귀지신체 언어, Body Language'라고 정의했다. 감정 상태를 표현하는 보디랭귀지로는 다음과 같은 것들이 있다.

- **분노** : 머리를 많이 움직이는 반면 손놀림은 적다. 상대편이 아주 천천히 가까이 다가올 때도 화난 상태다.
- **공포** : 두려움을 느끼는 상대에게는 슬금슬금 뒤로 물러나면서 힐끔힐끔 시선을 맞춘다. 일정한 거리를 두고 상대의 모습을 살핀다.
- **적대감** : 싫어하는 사람이 화제에 올랐을 때는 양손을 모은다든지 몸의 어느 부분을 만지거나 문지른다든지 하는, '자신의 몸에 관심을 갖는' 동작이 많이 나타난다.
- **우울감** : 기분이 우울할 때는 머리를 적게 움직이고, 발을 많이 움직인다.
- **스트레스** : 스트레스를 느껴서 마음의 동요가 많을 때는 몸의 움직임손짓, 발짓 등이 많아진다.

- **슬픔** : 슬픔에 빠지면 반대편에서 아는 사람이 걸어와도 시선을 주지 않고 빠른 걸음으로 스쳐 지나간다.

우리가 미처 신경 쓰지 못하는 사이에 표정에서 마음이 드러난다. 표정은 상대의 마음을 읽어내거나, 상대가 나에게 갖고 있는 감정을 판단할 때, 중요한 단서가 된다. 표정은 언어보다 더 강하게 친밀감, 거부감, 노여움을 전하는 도구다. **표정에는 보여주고 싶은 자기뿐만 아니라 감추고 싶은 자기까지 숨김없이 나타난다. 감정은 반드시 얼굴에 나타난다.**

그러면 어떤 감정이 어떤 얼굴 표정으로 나타나는가?

심리학자 에크만은 얼굴 표정을 만드는 '안면표정근顔面表情筋'의 변화에 주목해서, 특정 감정에 따라 어떤 표정근이 움직이는지를 조사했다. 이 조사를 통해 에크만은 사람이 감정에 따라 짓는 표정이 문화의 차이에 상관없이 일치한다는 사실을 발견했다.

이렇게 얼굴 표정과 몸동작이 서로 어울리지 않는 경우, 피험자는 상대에 대해 어떤 인상을 가지는가를 알아본 심리 실험이 있다. 근심스런 일이 많으면서 "난 정말 행복해."라고 거짓말하는 사람의 얼굴만 찍은 사진과 얼굴을 빼고 몸만 찍은 사진, 그리고 얼굴과 몸 전체를 찍은 사진을 피험자에게 보여주고 어떤 인상을 받았는지 알아보았다.

> - 얼굴만 찍은 사진을 본 인상 : 이 사람은 아주 우호적이고, 감수성이 풍부하고, 애정이 많다. 또 의리 있고, 따뜻하고, 동정심이 많다.
> - 얼굴을 빼고 몸만 찍은 사진을 본 인상 : 이 사람은 긴장하고 있고, 신경질이 많고, 피해의식이 강하다. 당황하고 있으며 걱정되는 일이 있다.
> - 얼굴과 몸 전체를 찍은 사진을 본 인상 : 이 사람은 활동적이고 민첩하다.

이 실험으로 사람들의 숨겨진 속마음을 읽으려면 얼굴만 보거나 얼굴과 몸을 같이 보는 것보다, 얼굴을 뺀 몸에 주목하는 것이 더 효과적이라는 사실을 알 수 있다.

감추고 싶은 마음은 얼굴보다 다리에 더 드러난다

그렇다면 일상생활에서 우리는 상대의 몸 어느 부분에 주목하면 좋을까?

사람들은 상대에게 자기 의사를 전달할 때 먼저 표정에 신경 쓰고, 손과 다리의 순서로 신경을 쓴다. 보디랭귀지를 읽을 때 머리끝부터 발끝까지 읽는 까닭은 우리 몸에서 가장 정직한 곳이 허리 아래이기 때문이다. 마음이 놓이면 대부분 창문을 연다. 반대로 겁을 먹으면 창문을 꼭꼭 닫는다. 그래서 사람은 사회적으로 성장해가는 과정에서 얼굴에 초조함을 드러내지 않겠다는 무의식이 지배한다. 하지만 초조, 긴장, 두려움 등은 대개 발을 통해서 자연히 새어 나온다. **뭔가 숨기고 있다면, 상대적으로 신경을 덜 쓰는 다리에서 탄로 나기 쉽다. 뭔가 수상쩍음을 느낄 때는 상대의 다리와 발이 전하는 단서에 주목하라.**

부모들은 아이가 다리를 가만히 두지 못하고 계속 떨면 "복 나간단 말이야. 그만두지 못해."라면서 꾸짖는다. 심리학에서는 다리를 떠는 것을 욕구 불만을 해소하기 위한 몸의 움직임이라고 본다. 누군가가 다리를 떨고 있다면 마음속에 걱정이나 불안이 있다고 생각할 수 있다.

다리를 벌리고 앉아 있는지, 붙이고 앉아 있는지를 보고도 상대의 마음을 읽을 수 있다. 다리를 벌리고 앉아 있으면 편안한 마음으로 당신을 받아들이겠다는 뜻이고, 다리를 붙이고 있으면 마음을 꼭 닫은 채 당신을 거부하겠다는 뜻이다. 다리를 포개고 앉는 것은 다리를 붙이고 앉는 것과 같은 뜻을 갖지만, 남녀 사이에서라면 성적 뉘앙스가 담겨 있기도 하다. 특히 여성이 남성 앞에서 다리를 포개고 앉는다든지, 포갠 다리를 자주 바꾼다면 상대에게 성적으로 관심이 있음을 전하는 뉘앙스를 풍기는 것이다.

공원 벤치에서 나란히 앉아 대화를 나누고 있는 커플을 관찰해보면, 어깨를 나란히 하거나 팔로 어깨를 껴안고 있는 것이 눈에 띈다. 재미

있는 것은 아주 친해 보이는 커플은 무릎을 상대편에게 향하고 있다는 점이다. 마찬가지로 대기석에 앉아 있는 야구 감독과 선수의 무릎이나 발끝의 방향에서도 서로에 대한 신뢰관계를 읽을 수 있다.

무릎이나 발끝의 방향이 관심이 있거나 호의를 갖고 있는 사람 쪽으로 향하는 것은 아주 자연스러운 일이다. 이때 상대에게 향한 발끝이 서로 닿을 만큼 가깝게 있으면, 다른 사람이 자기들 사이에 끼어드는 것을 막는 행위다. 반대로 겉으로는 좋은 관계처럼 보여도 무릎이 서로 반대 방향으로 향하고 있다면, 속마음은 상대로부터 멀어지고 싶거나 상대에게 적극적인 관심이 없음을 나타낸다.

상대와 대화를 나누는 동안 상대의 무릎이나 발끝의 방향을 관찰해보라. 무릎이나 발끝이 당신 쪽으로 향하고 있다면, 틀림없이 상대는 당신에게 관심과 호의를 가지고 있는 것이다.

손놀림에서
속마음을 읽는다

또한 대화를 나누는 상대편의 손놀림에서도 그 사람의 속마음을 읽어낼 수 있다. 영국의 동물행동학자 모리스는 인간의 손동작을 15가지로 분류했다. 그 가운데 대표적인 몇 가지를 소개하면 다음과 같다.

- **허공을 잡는다** : 손바닥을 상대편에게 보이고 손가락을 약간 구부려 허공을 잡는 듯한 동작이다. '다른 사람의 감정을 사로잡고 싶으나 생각대로 안 된다'는 심정을 나타낸다. 상대편이 이러한 동작을 한다면 하는 일이 마음대로 되고 있지 않다는 뜻이다.
- **주먹을 쥔다** : '나는 정신력이 강하고 결단력이 있는 사람'이라는 것을 다른 사람에게 믿게 하려는 시위 행동이다. 그러나 너무 자주 주먹을 쥐는 사람은 오히려 성격이 우유부단할 수 있다.
- **둘째손가락을 똑바로 세운다** : 이 제스처를 사용하면 '지적이고 자신 있는 인물'이라는 느낌을 주기 때문에 다른 사람을 설득하는 데 효과적이다. 남성이 여성과 대화하면서 둘째손가락을 세운다면 '어떻게든 당신을 설득시키고 싶다'는 표현이다.

누구에게나 버릇은 있게 마련이다. 한 조사에 따르면 남성은 54%, 여성은 70%가 손으로 자기 몸을 쓰다듬는 버릇을 가지고 있다고 한다. 이처럼 자기 몸을 쓰다듬어 친밀감을 느끼려고 하는 행동을 '자기 친밀 행동'이라고 한다.

사람들은 정신적으로 상처를 입는다든지, 스트레스를 받으면 자신을 이해해주는 사람과 몸을 접촉해서 불안감을 누그러뜨리려는 경향이 있다. 그러나 주위에 그럴 만한 사람이 없을 때는 스스로 자기 몸을 쓰다듬으며 자위할 수밖에 없다.

또한 개나 고양이의 보들보들하고 따뜻한 털을 만진다든지, 부드러운 담요나 옷을 만짐으로써 안도감을 얻기도 한다. 이러한 행위가 계속되다가 나중에 버릇이 되는 것이다. 사람은 긴장하게 되면 자기 가까이에 있는 물건을 만지고 싶어진다. 옛날 영화에서 맞선을 보는 장면을 보면 여성은 계속 방바닥만 들여다보다가 "취미가 뭐에요?"라는 질문을 받으면 조그맣게 대답하면서 옷고름을 만지작거린다. 이것은 '긴장의 표현'이다. **마음에 갈등이 있을 때 우리는 계속 자기 가까이에 있는 것을 만지고 싶어 한다. 동물행동학자 모리스는 이것을 '전위활동_{傳位活動}'이라고 정의했다.**

면접시험에서 자기 차례를 기다리는 동안 지갑이나 책을 만지작거리거나 공항에서 비행기 탑승권을 몇 번이나 꺼내 만져보는 것도 모두가 긴장을 완화하려는 무의식적 동작이다. 처음 만나는 사람끼리 모여 회의를 진행할 때 참석자들은 모두 자료를 읽는 척한다. 하지만 그 내용을 자세히 읽는 사람은 거의 없고, 그냥 자료를 훌훌 넘기기만 한다. 이것도 자기 가까이에 있는 물건을 만짐으로써 긴장을 완화시켜 그 분위기에 익숙해지려는 무의식적인 동작이다. 또 수첩을 꺼내 계속 들여다보거나, 가방에서 자료를 꺼내거나, 시곗줄을 만지작거리는 것은 긴장하고 있다는 표시다.

커피숍에서 대화를 나눌 때 상대가 손수건을 만지작거리면 뭔가 긴장되는 일이 있어 그 스트레스를 완화시키려 한다고 보면 된다. **스트레스를 완화하기 위해서 몸 주변에 있는 것을 무의식적으로 만지작거**

리는 동작을 '조작 행동_{Manipulation}'이라고 한다. 가까이에 만지작거릴 것이 없으면 머리카락이나 몸을 만진다. 처음 만나는 사람끼리 '이제 대화를 끝내고 싶다'라고 생각할 때도 눈앞에 놓여 있는 명함을 무의식중에 만지작거린다. 꺼내고 싶지 않은 문제가 화제로 오르거나 상대가 담배를 피워 대면서 얘기를 하면, 듣는 사람은 긴장하여 손수건을 만지작거린다.

그런 행동들은 긴장을 완화하려 할 때의 사인이다. 이렇게 상대도 자기와 마찬가지로 긴장하고 있다는 것을 알게 되면 조금은 긴장이 풀릴 것이다.

그 밖에도 아래와 같이 여러 가지 버릇들이 있다.

- **손으로 뺨을 받친다** : 뺨을 받치는 손은 자기를 위로해주는 어머니나 연인의 부드럽고 따뜻한 어깨나 가슴을 대신한다. 곧 뺨을 손으로 받침으로써 사랑하는 사람에게 기대는 기분을 느낄 수 있다.
- **손으로 뺨과 머리를 누른다** : 걱정되는 일이 있을 때 보이는 행동으로, '다른 사람이 자기 머리나 얼굴 등을 쓰다듬어 주기 바라는' 기분을 나타낸다.
- **양손으로 가슴을 감싼다** : 양손으로 가슴을 감싸는 동작은 두 가지 뜻이 있다. 하나는 사랑하는 사람을 잃었을 때다. 슬픔을 같이할 상대가 가까이 없을 때 양팔로 자기 몸을 감싸고 흐느끼면서 슬픔을 견뎌내려고 한다. 이것은 어머니가 자신을 안고 달래 주던 동작과

같다. 다른 하나는 방어의식이 작용할 때다. 상대와 친밀한 관계로 발전하는 것을 단절하기 위해 자기를 감싸는 것이다. 가슴을 감싼 양팔은 상대로부터 자신을 감싸는 바리케이드 역할을 한다. 대화를 나누고 싶지 않은 사람과 만났을 때도 이런 동작이 나타난다.

- **양손을 꽉 쥔다** : 긴장했을 때 마음의 안정을 되찾기 위해 하는 행동이다. 양손을 꽉 쥘 때 한쪽 손은 자기 손을, 다른 한 손은 상상 속의 사랑하는 사람의 손을 의미한다. 몹시 긴장할 때는 손바닥에 땀이나 쥐가 날 정도로 세게 쥔다. 이는 또한 '누군가가 강하게 손을 잡아 주었으면' 하는 바람을 나타내는 행동이기도 하다.

- **다리를 만진다** : 한 손 또는 양손으로 자기의 넓적다리를 만지는 행위는 여성들만 하는 행동 가운데 하나다. 자기의 넓적다리를 만지는 여성의 손은 여성을 유혹하려고 애무하는 남성의 손과 같다. 곧 남성을 유혹하는 동작이라고도 할 수 있다.

- **손가락 마디를 누른다** : 당당하게 손가락 마디를 딱딱 소리를 내며 누르는 사람이 있다. 이것은 자신감을 갖고 어떤 일을 해보겠다는 의사 표시다. 가벼운 '흥분의 표시'이기도 하다. 이런 몸짓은 대개 손에 나타난다. 손가락 마디를 누른다거나, 손을 폈다 오므렸다 하는 것은 무의식중에 하는 준비운동으로써 '의도 행동'이라고도 한다. 소가 앞으로 돌진하기 전에 앞발로 땅을 파는 것과 같다. '오늘은 이 계획안을 꼭 통과시켜보이겠다'라는 의지를 가질 때, 회의가 시작되기 전에 잡담을 나누면서도 무의식중에 손가락 마디를 눌러 딱딱 소리를 내는 남성이 있다. '오늘은 힘이 난다'라고 의욕을 과시하는

것이다. 마음속에는 반대 의견에 대해 단호히 대처하겠다는 생각으로 머리가 꽉 차 있을 것이다.

입놀림에서
속마음을 읽는다

입은 버벌 커뮤니케이션뿐 아니라, 넌버벌 커뮤니케이션에서도 차지하는 역할이 아주 크다. '입이 가볍다', '입이 무겁다', '입을 씰룩거린다', '입방아를 찧는다' 등 넌버벌 커뮤니케이션에서 입과 관련된 표현은 수없이 많다. 우선 입은 여러 가지 감정을 표현하는 수단이 된다.

우리는 크게 웃음으로써 기쁜 감정을 나타낸다. 인간 이외에 다른 어떤 동물도 웃을 수 없다는 점에서 웃음은 가장 인간적인 감정의 표현 방법이라 할 수 있다. 입을 비쭉거리며 빈정댈 수도 있고, 입을 쑥 내밀어 불만을 표현할 수도 있다. 이처럼 입은 기쁜 감정뿐 아니라 경멸과 질시, 분노의 감정을 나타낸다.

또 감정은 말을 통하여 직접적으로 표현되지 않아도 입과 관련된 동작을 통하여 상대에게 간접적으로 전달될 수 있다. 볼에 입을 대어 뽀뽀하거나, 입과 입을 마주 대어 입맞춤하거나, 입술에 손을 가볍게 댔다가 뗌으로써 사랑을 표시할 수도 있다.

입은 감정의 표현 도구일 뿐만 아니라 인품을 나타내는 지표도 된다. 예부터 "무릇 남자는 입이 무거워야 한다."라는 가정교육을 남자아이들은 받고 자라왔다. 입이 가벼워 남의 말을 잘 전하는 남자는 남자답지 못하다는 의미다. 또 "입 놀리지 마라."라는 꾸중은 "말대꾸 잘하거나, 남 헐뜯기를 일삼는 경망스러운 인간이 되지 마라."라는 의미를 담고 있다.

- **입꼬리가 올라가 있다** : 상대에 대한 경계심을 풀고, 좋은 감정을 가질 때
- **입이 삐뚤어져 있다** : 상대를 경계하거나, 마음이 허락되지 않을 때
- **입이 벌어져 있다** : 더 상세한 정보를 얻고 싶어 할 때
- **입이 반쯤 벌어져 있다** : 어떤 것에 흥미를 느낄 때

그 밖에도 다음과 같은 입의 움직임에서 상대의 마음을 읽을 수 있다.

이처럼 **상대의 입에서 나오는 말뿐만 아니라 입의 움직임으로도 상대의 의사를 파악할 수 있다. 전자가 의식적인 전달 수단이라고 하면 후자는 무의식적인 전달 수단이다.** 오히려 무의식적인 입의 움직임에서 본심이 더 잘 드러난다. 그래서 '말조심', '입조심'이라는 말이 있는지도 모른다.

동물행동학자 모리스는 인간의 입은 "활발하게 활동한다."라고 말한다. 다른 동물은 입으로 씹는다든지, 핥는다든지, 맛본다든지 하는 생리적 활동을 주로 한다. 하지만 인간은 그런 것 외에도 말한다든지, 노래 부른다든지, 웃는다든지 하는 여러 가지 커뮤니케이션 활동을 수행한다. 입은 '얼굴의 전쟁터'라고 해도 과언이 아니다. 또 입은 몸 가운데서 가장 비밀스런 부분일 뿐 아니라, 가장 표시적인 부분이다. 입은 지루함, 흥미, 슬픔, 경멸, 혐오, 분노 등 많은 감정을 나타낸다.

자주 혀를 차고 한숨을 쉬는 사람들이 있다. 혀를 찬다는 것은 불쾌한 감정을 소리로 발산하는 노골적인 몸짓이다. 우리들은 자기 자신이나 다른 사람을 상대로 혀를 차는 경우가 있는데, 모두가 '모욕'을 나타내는 사인이다. 마음속의 거치적거림을 소리와 함께 외부로 발산하는 것은 상대에 대한 '위협의 사인'이기도 하다. 언어로 모욕할 가치조차 없는 형편없는 사람이라는 것을 상대에게 알리는 동작이라고 할 수 있다.

자기 자신에 대해 혀를 찬다는 것은 스스로를 학대하는 현상이다. 타인이 들릴 정도로 혀를 차는 사람은 다른 사람을 들볶는 가학성적 加虐性的 성격을 가진 사람이라고 할 수 있다. 아무 생각 없이 혀를 찬다는 것은 우리 마음속에 감춰진 자학성과 가학성이 겉으로 나타나는 것이라고 해도 무방하다. 무심코 혀를 찬다는 것은 마음의 평형이 깨졌다는 것을 나타내는 주의 신호이기도 하다.

더 이상 가망이 없을 때나 실망했을 때, 우리는 무의식중에 한숨을 쉬게 된다. 그런 포기 상태에서 간신히 사태가 호전되었을 때도 우리는 안도의 한숨을 쉰다. 한숨은 마음을 놓게 되었을 때도 저절로 나온다. 예를 들면 응원하는 야구팀이 8회 말에 5점을 잃었다고 하자. 당신은 이때 크게 한숨을 쉰다. 그러나 9회 초에 자기편이 6점을 따서 역전을 하고, 그 뒤 상대 팀이 투아웃 상태에서 러너가 1루와 2루에 있는 장면에서는 손에 땀을 쥐게 된다. 투수가 마지막으로 타자를 삼진 아웃시키면 안도의 한숨을 쉬게 된다. 이럴 때의 심리 상태를 생각하면 어려운 장면이나 기쁜 장면에서 왜 한숨이 나오는지를 알 수 있다.

자세에서
상대방의
감정을 읽는다

　나폴레옹이 오른손을 윗옷의 가슴 부분에 넣고 있는 자세는 너무나 유명하다. 실제로는 피부염 때문에 몸을 긁고 있는 자세였다고 한다. 하지만 그 모습을 본 대부분의 사람들은 나폴레옹이 매우 자신감에 차 있다는 느낌을 가졌다. 나폴레옹이 공식 석상에 자주 백마를 타고 나타났던 것도 사실은 자신의 작은 키를 감추기 위한 연출이었다.

　예전에 TV 영화 시리즈로 인기를 끌었던 〈형사 콜롬보〉에서 콜롬보 역을 맡았던 피터 포크도 자세를 훌륭하게 연출한 배우였다. 후줄근하게 구겨진 트렌치코트를 입고, 등을 구부리고 깊은 생각에 잠긴 독특한 캐릭터를 창출하였다.

　그런 캐릭터로 질문하는 모습은 형사라는 이미지와는 다소 거리가 멀게 느껴진다. 하지만 심리학적으로 볼 때는 상대에게 경계심을 늦추고 정보를 흘리게 만드는 효과가 있다.

관계를 알고 싶다면
자세를 보라

미국의 심리학자 메브러비언은 상대와 함께 있을 때 **어떤 자세를 취하느냐 하는 것이, 상대에게 느끼는 호감이나 매력과 밀접한 관계가 있음을 밝혀냈다.** 예를 들면 아랫사람은 지위가 높은 윗사람 앞에서 머리나 몸을 똑바로 하는 경향이 있으며, 여성은 지위가 높은 사람과 이야기할 때 손이나 다리를 꼬지 않고 자연스러운 자세를 취한다. 또 싫어하는 사람에게 다가갈 때는 팔짱을 끼지만, 좋아하는 사람에게는 팔을 내린 채 다가간다. 여성이 팔이나 다리를 꼬지 않고 조금 앞으로 숙인 자세로 대화를 나누고 있다면, 상대에게 호감이 있는 것이다.

이때 대화 내용에 맞춰 고개를 끄덕이는 것은 호의를 갖고 상대를 받아들이겠다는 의미다. 그러나 당신이 말하고 있는 중에 상대가 한 번에 세 번 이상 고개를 끄덕인다면, 당신의 말이 빨리 끝나기를 바라며 더 이상 듣고 싶지 않다는 의사를 나타내는 것이다. 또 대화 내용과 관계없이 고개를 계속 끄덕이는 것은 거짓말을 하거나 중요한 일을 숨길 때에 나타나는 동작이다.

이것을 증명하는 심리 실험이 있다. 한 사람에게 좋은 인상을 주는 인물과 나쁜 인상을 주는 인물을 번갈아 연기하게 해서 비디오카메라로 찍었다. 그러고는 피험자를 두 그룹으로 나누어 한 그룹에게는 좋은 인상의 비디오를 보여주고, 다른 한 그룹에게는 나쁜 인상의 비디오를 보여준 뒤 연기한 인물과 직접 인터뷰를 하게 했다. 그 결과 나쁜 인상의 비디오를 본 사람은 그에게 가까이 접근해서 고개를 계속 끄덕이는 경향이 있었다. 상대에게 호감을 주어 분노를 사지 않겠다는 심리가 자연스럽게 고개를 많이 끄덕이게 한 것이다. 상대에게 호감이나 매력적인 인상을 주는 몸짓이란 앞으로 조금 숙인 자세로 상대를 바로 쳐다보면서 자연스럽게 대화를 나누는 것이다.

상대의 지위의 고하에 따라 자세는 무의식적으로 달라진다. 여성은 자기보다 지위가 높은 사람을 만날 때는 팔을 아래로 뻗히는 자세를 취하기 싶다. 남성은 자기보다 지위가 높은 사람과 서서 만날 때는 다리를 뻗친 자세를 취하고 싶고, 지위가 낮은 사람과 만날 때는 손을 허리에 대는 수가 많다. 지위가 낮은 사람과 마주보고 앉아 있을 때는 상체를 비스듬하게 하는 경향이 있다.

상대의 팔 위치에 따라 리더십에 대한 인지가 크게 달라진다. 한 손을 사람들 쪽으로 쭉 펴는 사람은 지배적이고 활동의 주도권을 가진 사람이다. 허리에 손을 올리는 사람은 자기주장적이고 거만하며, 두 팔을 사람들을 향해서 뻗는 사람은 지배적이고 주도적이라는 인상을 주게 된다. 반면에 한 손을 뒤로 감추는 사람은 소극적이거나 지위가 낮게 보이고, 양손을 모두 뒤로 감추는 사람은 아주 소극적이며 지위도 아주 낮은 것으로 판단된다.

또한 두 사람 사이에 지위의 차이가 있을수록 대인 거리는 멀어진다. 하지만 높은 사람이 낮은 사람을 만나려 할 때는 그 간격이 좁아진다. 심리학자 딘은 지위가 높은 사람은 친밀성을 나타낼 수 있는 거리까지 지위가 낮은 사람에게 마음대로 다가갈 수 있지만, 지위가 낮은 사람은 높은 사람에게 마음대로 다가갈 수 없는 것이 그 원인이라고 해석한다.

자세는
호감도를 나타내는 지표

상대에 대하여 느끼는 호감의 정도에 따라 자세가 달라진다는 것은 명백한 사실이다. 미국 심리학자 메브러비언은 **5가지 다른 수준의 친화성**아주 싫어한다, 싫어한다, 그저 그렇다, 좋아한다, 아주 좋아한다**에 따라 상대에 대한 자세가 달라짐을 밝혀냈다.** 즉 여성은 남성이든 여성이든 싫어하는 상대에 대해서는 시선을 잘 주지 않고, 좋지도 싫지도 않은 상대에 대해서는 처음에는 시선을 많이 준다. 그러나 점차 상대가 좋아지게 되면 시선은 처음보다는 줄어든다.

또 싫어하는 상대에 대해서는 양손을 허리에 대고 서 있는 자세가 많다. 특히 여성은 싫어하는 남성과 마주 서 있을 때는 단단히 팔짱을 끼는 자세를 취하지만, 좋아하는 남성에 대해서는 양손을 벌리는 자세를 많이 취한다.

- **빠른 팔짱** : 팔이 몸의 정면을 빠르게 가로지르면서 흉부와 배를 보호하는 자세다. 딴 짓을 하는 데서 오는 초조함을 감추고 싶다는 신호다. 몸의 정면에서 팔짱을 끼면 방패를 드는 것과 같은 효과가 있다.
- **주먹 팔짱** : 주먹을 쥐고 팔짱을 낀 자세다. 적대감을 강하게 드러내면서 다른 한편으로는 방어 의지도 보여주는 신호다.
- **손목 팔짱** : 팔에 힘을 빼고 두 손목을 X자로 교차하는 자세다. 지루하거나 적극적으로 참여하지 않고 있다는 신호다.
- **팔꿈치 발사 팔짱** : 팔꿈치를 무기처럼 발사하듯, 팔꿈치를 앞쪽으로 향하게 하는 자세다. 화가 났거나 동의하지 않는다는 뜻일 수 있다.
- **근육 잡기 팔짱** : 팔짱을 끼고 이두박근이나 팔꿈치를 잡는 자세다. 겁이 나고 불안하다는 뜻이다.
- **반쪽 팔짱** : 한쪽 팔로 몸을 가로질러 다른 쪽 팔을 붙들거나 만져서 장벽을 만드는 자세다. 자리가 낯설거나 자신감이 부족하면 나온다.
- **지퍼 가리기 팔짱** : 나뭇잎 팔짱이라고도 한다. 손이 골반 중앙을 보호하는 자세다. 남자들이 주로 취하는 자세인데, 노숙자들이 무료 급식소 앞에서 줄을 섰을 때나 부하가 상사를 맞을 때 흔히 볼 수 있다.

상체에는 어깨, 팔, 손이 포함된다. 어깨, 팔, 손은 몸의 행동의 주체로 여겨진다. 어깨와 팔은 많은 상황에서 가장 눈에 잘 띄는 부위다. 보통은 탁자 위로 환히 드러난다. 대화를 할 때도 우리는 두 눈과 입을 연결하는 삼각형에 주로 눈길을 두지만, 상체 역시 적지 않게 관찰하며 정보를 수집한다.

어깨와 팔은 가슴에서 뻗어 나와 가슴을 둘러싸고 있는 부위다. 근원이 가슴이므로 팔과 손은 가슴속에 있는 것을 표현한다. 상체에 있는 팔과 손은 감정을 확실하게 보여준다.

앉는 자세에서는 좋아하는 사람보다도 싫어하는 사람에게서 신체를 뒤로 제치는 각도가 훨씬 크다. 그런데 신체를 옆으로 비스듬히 기우는 자세는 남성과 여성이 큰 차이를 나타낸다. 남성은 상대를 싫어한다고 해서 대화를 나누면서 몸을 옆으로 기울이지 않지만, 싫어하는 여성과 대화를 나눌 때는 크게 몸을 옆으로 기울인다. 그러나 여성은 상대가 남성이든 여성이든 싫어하는 상대와 대화를 나눌 때는 몸을 옆으로 기울인다.

상대에 대한 호감의 정도와 어깨의 방향에도 관계가 있다. 남성은 아주 좋아하는 상대 앞에서는 어깨를 똑바로 하지 않는다. 반대로 여성은 싫어하는 상대에 대해서는 어깨를 똑바로 한다. 그러나 아주 좋아하는 상대에 대해서는 어깨를 약간 움츠린다.

위를 쳐다보거나,
몸을 부들부들 떠는 이유?

'어떻게 하지?' 하면서 생각에 잠길 때, 보통은 무의식중에 위를 쳐다본다. 왜 옆도 아래도 아닌 위를 쳐다볼까?

누군가와 대화를 나누는 동안 얼굴을 다른 곳으로 돌린다는 것은 상대와의 커뮤니케이션을 일단 중단하려는 것이다. 어떤 생각에 집중하기를 원할 때, 상대의 시선을 의식하게 되면 좀 번거로워진다. 그래서 얼굴이나 눈을 돌려 상대와의 커뮤니케이션을 일단 차단하고 생각에 몰두하고 싶은 것이다.

우리는 무의식중에 이런 소거법消去法을 사용한다. 상대와의 커뮤니케이션을 일단 끊으려고 옆으로 고개를 돌리면 상대를 거절한다고 보이기 쉽다. 아래로 고개를 향하면 곤혹스러워하는 것 같아 모양새가 좋지 않다. 아래로 향한다는 것은 상대에 대한 복종의 사인이기도 하다. 그래서 옆도 아래도 아닌 위로 고개를 향하게 된다. 그렇게 하면 상대와의 커뮤니케이션을 중단한다고 해도 별 오해를 받지 않는다. 상대에 대해 실례의 인상을 주지 않고 생각에 집중할 수 있다.

또한 **화가 나면 몸이 부들부들 떨리는 것은 자제심이 작용하기 때문이다. 마음속에서 상대를 공격하려는 동물적인 본능과 자제해야 한다는 이성이 서로 부딪치고 있다.** 액셀을 밟으면서 동시에 브레이크도 밟는 듯한 상태, 즉 'Go'와 'Stop'의 사이에서 마음이 동요된다. 이런 상태가 되면 좀처럼 평상시의 마음으로 돌아갈 수 없다. 만일 부부 싸움으로 아내를 이 정도까지 몰아붙인다면 큰일이다. '미안해' 하면서 사과해도 아내의 노여움은 좀처럼 가시지 않는다. 그때는 어느 정도 피해를 각오해야 한다. 피해가 커서는 곤란하니까 깨뜨려도 아깝지 않은 싼 접시나 잔을 준비해두고, 그것을 위험하지 않은 곳에서 깨뜨리게 하여 노여움을 진정시키는 것이 좋다.

이것은 심리학에서 말하는 '이지향 공격異指向 攻擊**'이다. 깨져도 그렇게 아깝지 않은 것에 화풀이를 하여 노여움을 해소하려는 것이다.** 아무리 상대가 착한 사람이라도 이 정도까지 화가 나면 "말로 하자."라고 해서는 통하지 않는다. 오히려 피해가 크지 않은 범위 안에서 노여움을 폭발시키는 편이 이야기가 쉬워진다. 상대가 몸을 부들부들 떨기 시작하면 진정시키려고만 하지 말고 어느 정도 분노를 폭발시킬 수 있도록 해주는 편이 낫다.

얼굴 표정으로 감정을 통제한다

첫인상을 결정짓는 가장 큰 요소는 뭐니 뭐니 해도 얼굴이며, 그다음은 목소리, 마지막으로 말의 내용이다. 인간은 눈을 통해 얻어낼 수 있는 상대의 얼굴 정보에 따라 그 감정과 행동을 읽어낼 수 있다는 말이다. 얼굴의 특징만 과장해서 묘사한 정치인의 캐리커처를 보고 누구인지 바로 알아낼 수 있는 것도 그런 원리다. 그래서 첫인상 형성에서는 넌버벌 신호가 버벌 신호보다 네 배는 더 강력하다. 이처럼 얼굴 신호는 첫인상에 다른 무엇보다 큰 영향을 미친다. 특히 시각 정보인 얼굴 표정은 상대의 마음을 읽어낼 때 첫 단서를 제공한다.

사람의 표정은 뇌에 있는 '안신경세포'에 의해 만들어진다. 표정을 짓는 데 가장 중요한 역할을 하는 것은 입과 눈썹이다. 얼굴의 다른 부분은 놔두고 입과 눈썹만 바꿔도 행복한 표정, 슬픈 표정, 화난 표정, 즐거운 표정, 잔인한 표정, 걱정스런 표정 같은 전혀 다른 표정들을 지을 수 있다. 곧 입술과 눈썹만 눈여겨봐도 상대의 속마음을 읽어낼 수 있다고 하겠다.

복합된 표정에서의 상대방 속마음 읽기

유능한 세일즈맨은 표정을 읽어내는 기술이 아주 뛰어나, 고객의 표정만 보고 물건을 살 의사가 있는지 없는지 알아낸다. 1분 정도밖에 안 되는 아주 짧은 시간에 상대방의 잠재 욕구를 읽어내는 것이다. 그러나 이런 사람은 특수한 경우다. 일반적으로 **표정에서 속마음을 읽어내는 비율은 친한 사람끼리가 70%, 그렇지 않은 사람끼리는 60%다. 맞추는 것도 아니고, 못 맞추는 것도 아닌 그저 그런 정도다.**

왜 그럴까?

과연 표정을 읽어내는 기술이 있는지 없는지도 문제지만, 그보다는 표정을 읽는 일 자체가 매우 어렵기 때문이다. 서로 정반대의 감정을 나타내는 표정은 확실하게 구별할 수 있지만, 비슷한 감정은 구별하기가 매우 어렵다. 곧 '사랑, 즐거움, 행복'을 나타내는 표정은 '분노, 결의'의 표정과는 확실하게 구별된다. 하지만 '경멸, 놀람'의 표정과는 구별하기가 어렵다.

막연히 상대의 얼굴을 쳐다보고만 있으면 그 감정을 읽어내기는 어렵다. 얼굴 부분에 따라 나타나기 쉬운 감정은 다르다. 사람의 얼굴을 이마와 눈썹, 눈과 눈꺼풀, 코와 뺨과 입이라는 세 부분으로 나눠 어느 부분에 어떤 감정이 나타나기 쉬운지를 조사한 연구가 있다.

그 결과에 따르면 공포와 슬픔은 눈과 눈꺼풀을 보고 알아맞힐 수 있는 확률이 67%였다. 행복은 뺨과 입부분에서 98%, 여기에 눈과 눈꺼풀까지 합쳐지면 확률은 99%가 됐다. 공포를 알아맞힐 확률은 이마와 눈썹에서 79%, 눈과 눈꺼풀에서 63%, 뺨과 입에서 52%였다. 분노는 얼굴의 어느 한 부분만 보고 알아맞힐 확률이 30%밖에 되지 않아, 얼굴 전체를 보지 않으면 판단하기 어렵다는 사실을 알 수 있었다.

적재적소에 적합한 표정을 짓도록 특히 신경 써야 하는 사람들이 바로 정치가다. 선거에서 정책 토론의 우열 이상으로 유권자의 결정을 좌우하는 것이 후보자의 인상이다. 1988년 미국 부통령 선거에서 민주당 후보 벤젠은 TV토론에서는 공화당 후보 케일을 압도했으면서도 이미지 조사에서는 평점이 낮게 나왔다. 벤젠의 얼굴에 카메라 앵글이 잘못 잡혀 차가운 인상을 주었기 때문이다.

정말 소홀히 할 수 없는 것이 표정이라 할 수 있다. 미처 신경 쓰지 못하는 사이에 표정에서 마음이 드러난다. 이처럼 표정은 상대의 마음을 읽어내거나, 상대가 나에게 갖고 있는 감정을 판단할 때에 중요한 단서가 된다. 표정은 언어보다 더 강하게 친밀감, 거부감, 노여움을 전하는 도구가 된다. 표정에는 보여주고 싶은 자기뿐만 아니라 감추고 싶은 자기까지 숨김없이 나타난다. 감정은 반드시 얼굴에 나타난다.

표정을 읽어내는
습관을 길러라

평소 상대의 표정을 읽어내는 습관을 길러야 한다. 상대의 섬세한 표정 변화에서 놀람, 공포, 분노, 행복, 슬픔, 혐오 등 6가지 감정 가운데 그가 지금 어떤 감정 상태에 있는지 읽어내는 능력을 길러야 한다.

무엇보다 주의해야 할 것은 말만으로는 그 감정을 읽어낼 수 없다는 것이다. 먼저 입에서 나오는 말과 표정이 같은 감정에서 나오는 것인가를 살펴야 한다. 표정을 읽어내는 능력을 기르려면 상대를 자세히 살펴야 한다. 하지만 상대의 눈 중심점을 꿰뚫어 보는 듯, 시선의 방향이 한 점에 고정되는 강한 시선으로는 상대가 공포심을 느낀다. 두 눈과 코 길이의 반 정도의 점을 잇는 평형 3각형 내를 주시하면 쳐다보는 듯한 인상을 주게 된다. 시선을 눈 중심에서 좀 벗어나게 하여 상대의 말과 얼굴 표정을 읽어야 한다. 표정은 채 1초도 되기 전에 바뀐다. 빨리 그것을 캐치하여 정확히 읽어내야 한다.

초대면인 경우, 얼굴 표정을 상하로 2등분하여 관찰해보라. 상반부는 코의 중앙과 뺨에 있는 큰 근육대경골근의 중앙 부분에서 이마 위까지, 하반부는 입주위의 근육을 중심으로 한 부분이다. **이렇게 상대의 얼굴을 상하로 나누어 관찰해보자. 상반부가 무표정, 혐오, 슬픔을 나타내고 있지만, 하반부는 기쁨이나 즐거운 표정을 나타낼 때도 있다.** "뭔가 요즘 고민거리가 있어?"라는 상사의 질문에 "아니에요, 아무 일도 없습니다. 잘돼 가고 있습니다."라고 미소를 지을 때, 부하의 얼굴 하반부는 웃고 있는데 상반부는 신경질적으로 코에 주름이 잡혀 있다면 그가 거짓말을 하고 있다는 표시다.

그러면 어떤 감정이 어떤 얼굴 표정으로 나타나는가?

인지심리학자 에크만은 얼굴 표정을 만드는 '안면표정근顔面表情筋'의 변화에 주목해서, 특정 감정에 따라 어떤 표정근이 움직이는지를 조사했다. 이 조사를 통해 에크만은 감정에 따라 짓는 표정은 문화의 차이와 상관없이 일치한다는 사실을 발견했다.

놀랄 때의 가장 큰 특색은 입과 턱이 움직인다는 것이다. 놀라는 데도 정도의 차이가 있어 많이 놀랄 때도 있고 조금 놀랄 때도 있다. 그것은 입이 얼마만큼 벌어지느냐 하는 정도로 알아낼 수 있다. 놀랄 때 눈과 눈썹의 모양은 그다지 변하지 않지만 입은 벌어지고 턱은 내려간다.

"깜짝 놀랐다."는 말도 있듯이 '놀람'의 감정은 1초 이상 지속되지 않는 순간적 감정이어서 벌어진 입은 즉시 닫힌다. 이 짧은 순간을 놓치게 되면 그것을 알아채기가 어렵다. 이것에 비하면 공포는 꽤 오래 입이 다물어지지 않은 채 그대로 있게 되는 상태로 머문다.

공포에도 정도의 차이가 있다. 공포를 많이 느끼면 위 눈꺼풀이 크게 올라가고, 아래 눈꺼풀이 긴장한다. 입도 크게 열리고 옆으로 당겨진다. 공포는 장시간 지속되는 감정이다. 예를 들면 비행 중에 '이 비행기가 크게 흔들리는 것을 보니 추락할지도 몰라'라는 생각이 드는 사람의 얼굴은 강한 불안감, 즉 공포의 표정을 계속 짓게 된다.

혐오감을 느끼면서 동시에 콧구멍이 넓어지거나 양 볼이 오르락내리락 하는 것은 경멸의 표정이다. 우리는 '질병', '불운', '도덕적 퇴폐' 등에 대하여는 혐오감을 느끼며, 중요시되는 가치관을 지키지 않거나 무시하는 사람을 경멸한다. 이런 경멸, 혐오가 가장 확실히 나타나는 것이 코의 주름이다. 주름 잡힌 콧구멍에 힘을 넣고 고개를 쳐들면서, 마치 "흥!"하는 소리를 내는 듯 깔보는 눈초리가 경멸이다.

얼굴을 상, 중, 하 세 부분으로 나누어 분노 감정을 분석해보자. 눈에서는 미세한 분노가 발생하는 것이 눈에 띄지만, 입에서는 미소 짓는 듯 그것을 감추는 경우가 있어 얼핏 보아서는 정확하게 읽어낼 수가 없다. 어떻든 심하게 화를 내는 사람과는 잠시 거리를 두는 것이 안전하다.

행복할 때의 표정은 누구에게도 피해를 주지 않는 좋은 감정이다. 기쁨, 만족, 목표달성, 안정감을 보여 누구나 그런 표정을 보고 싶어 하고 부러워한다. 부드러운 미소를 띠는 것이 가장 큰 특징이다.

너무 슬프면 표정 근육을 움직일 힘조차 없어 생기 없는 무표정이 된다. 일찍이 찰스 다윈은 "슬픔이 몰려들면 얼굴은 파래지고 근육은 이완된다. 머리는 가슴에 파묻힐 정도로 축 내려가게 되고 시선도 아래로 향하는 등 모든 것이 그 무게에 못 이겨 아래로 처지는 듯한 감정이다."라고 하였다. 한마디로 말하면 모든 게 내려앉는 듯한 느낌을 주는 것이 그 전체적 특징이다.

이런 표정들은 분석표대로 확실하게 나타나지 않는 수가 더 많다. 드라마보다 더 극적인 우리의 생활에서 이런 감정들을 읽어내기란 정말 어렵다. 그래서 오히려 더 재미있지 않은가?

상대의 표정을 찬찬히 살펴나가는 가운데 상대의 감정을 읽어내는 능력을 길러내는 재미가 있다.

넌버벌 행동 단서를 해독하라

심리학자 아처는 넌버벌 행동을 해독하는 방법을 몇 가지 상황을 통해 소개하고 있다. 줄을 서야 하는 상황에서 제일 짧은 줄 뒤에 서려면 앞에 서 있는 사람들에게서 넌버벌 단서들을 읽어내야 한다.

패스트푸드점에서 줄을 서야 할 때, 대부분 가장 빨리 순서가 돌아올 듯한 줄 뒤에 선다. 한참을 기다리다가 자기 앞에 선 사람이 한꺼번에 많은 양을 주문하거나, 차안에서 기다리는 아이들 몫까지 주문하는 것을 듣게 될 때만큼 낭패감이 드는 경우가 없다. 이럴 때는 가방을 멘 젊은이들이 서 있는 줄에 서는 것이 가장 빠르다. 학생들은 자기가 먹을 것만 주문하지, 가족이나 다른 사람의 것까지 주문하는 일이 별로 없기 때문이다. 그런 줄이 회전이 빠르다.

사람들은 자기가 하는 일과 관련된 넌버벌 행동을 해독하는 방법을 개발하기도 하는데, 특히 대학에서 강의하는 사람은 학생들의 넌버벌 행동을 해독할 기회를 많이 갖게 된다. 어떤 학생이 질문할 것인지를 알아내는 방법이 있다. 과제를 이해하지 못하는 학생은 곤란한 표정을 짓고 있고, 중요한 질문이 있는 학생은 득의양양한 표정을 짓고 있다. 틀림없이 그는 곧 질문하기 위해 손을 들 것이다.

강의하면서 들뜸, 지루함, 의견충돌, 무관심 등과 같은 학생 전체의 분위기도 느낄 수 있다. 열심히 노트 필기를 하는 학생이 많다면 강의가 순조롭게 진행되고 있다는 증거다. 노트 필기를 하는 학생이 많지 않다면 강의가 지루하거나, 반대로 너무 흥미진진해서 필기하는 것도 잊고 집중하고 있는 것이다. 그들은 강의가 지루할 때는 멍한 표정으로 앉아 있지만, 강의가 재미있을 때는 허리를 꼿꼿이 세우고 상체를 앞으로 숙인 채 생각하는 듯한 표정으로 경청한다. 눈썹을 조금 내리고, 입을 오므리고, 손가락이나 필기구를 입술에 갖다 대고 생각하는 듯한 표정으로 듣는다.

사람들은 생활 방식이 다르므로, 상대의 인상과 행동을 순간적으로 해석해낼 수 있는 인지적 능력이 서로 다르다. 예를 들면 경찰관은 지명 수배자의 몽타주나 무전기에서 흘러나오는 인상에 관한 설명만 가지고 범인을 체포한다. 맞은편에서 걸어오던 사람이 갑자기 점포의 진열장 쪽으로 얼굴을 돌릴 때, 경찰관은 그런 동작을 놓치지 않는다. 특수한 훈련을 받기도 하지만, 경찰관은 다른 사람보다 넌버벌 행동을 분간해내는 능력이 뛰어나다고 할 수 있다. 넌버벌 단서의 해독 능력은 저절로 습득되는 경우가 더 많다. 사람들은 부모, 친구, 연인, 자녀들과의 접촉 경험을 통해 자연스럽게 이런 단서들을 습득한다.

표정은 언어보다도 감정을 더 잘 전달하는 넌버벌 커뮤니케이션이다. 우리는 누군가를 마주하면 그 사람이 어떤 표정을 짓고 있는지, 헤어스타일은 어떤지, 어떤 자세와 몸짓을 하는지, 목소리는 어떤지를 먼저 확인한다. 그런 넌버벌 신호를 종합하여 그 사람의 신뢰성, 호감도, 매력도, 힘을 파악한다.

표정에 관한 생리학적으로 아주 흥미 있는 실험이 있다. 피험자들에게 얼굴 근육을 움직여 특정한 표정을 만들어내게 하고, 그때의 심박수나 혈압 등 생리적 반응을 거짓말 탐지기로 측정했다. 그 결과 화난 표정을 지으면 화가 났을 때와 똑같은 생리적 반응을 보였고, 반대로 웃는 표정을 지으면 웃을 때와 똑같은 생리적 반응이 나타났다.

예를 들어 실연한 사람에게 "이제 그만 울고 웃어 봐."라고 위로하는 것은 생리적으로 타당한 의미를 지닌다. 슬픈 표정을 계속 지으면 더욱 더 슬픈 감정이 일어나게 된다. 슬픈 감정인데도 불구하고 억지로 웃음을 만들어낸다는 것은 사실 무리다. 이때는 슬픈 감정을 분노 감정으로 한번 바꾸어보거나, 큰소리를 내어보거나 몸을 움직여보라. 슬픔이 내측으로 향하는 감정이라면 분노는 외측으로 향하는 감정이다. 분노를 밖으로 내밀어 발산하면 마음에 맺힌 감정이 풀어진다.

이처럼 표정은 자기가 가진 감정을 상대에게 전달할 뿐 아니라 감정 자체를 통제한다. 당신이 사람들로부터 '어두운 성격의 소유자'라는 말을 자주 듣는다면 먼저 자신의 표정부터 바꾸어보라. '어두운 성격'이라는 이미지는 표정에 그대로 나타나기 때문이다. 요즘은 여성뿐 아니라 남성 가운데도 화장하는 사람이 늘고 있다. 겉치레에만 힘쓰지 말고 밝은 표정을 만드는 데 힘써 보라. **밝은 표정은 화장보다 훨씬 더 당신의 매력을 돋보이게 한다. 밝은 얼굴을 만드는 훈련과 연습을 하는 동안은 기분까지도 밝아지므로 일석이조의 효과를 얻을 수 있다.**

웃는 얼굴을 짓는 사람에게서 어두운 이미지는 찾아볼 수 없다. 예를 들면 스튜어디스는 승객을 안심시키고 기분을 밝게 해주려고 밝은 표정을 짓는 연습과 훈련을 계속한다. 웃는 얼굴이 주는 밝은 분위기는 자기 자신뿐 아니라 주위 사람에게도 바이러스처럼 퍼진다.

웃는 표정은 연습과 훈련 없이 마음대로 만들 수 있는 것처럼 말하는 사람이 있다. 그런 사람에게 웃는 표정을 지어보게 하면 아주 부자연스럽다. 빈정거리는 것 같기도 하고 입을 가로로 쭉 편 것과도 같아 아주 어색하다. 거울을 보면서 웃는 표정을 지어보라. 평소의 자기의 표정이 얼마나 굳어 있었는가를 새삼 깨닫게 해준다.

표정을 바꾸면
감정 상태가 바뀐다

　얼굴 표정은 근육을 의식적으로 움직여 만드는 경우와 자율 신경의 작동에 의해 무의식중에 만들어지는 경우가 있다. 사람의 근육은 보통 800개 정도로 이루어져 있다. 이 많은 근육을 의식적으로 관리하거나 통제하는 것은 불가능하다. 아무리 넌버벌 요소들을 통제하려고 해도 무의식은 계속해서 제 나름대로의 메시지를 보낸다. 표정을 만드는 근육 36개 중에서 미소를 짓는 데 쓰이는 근육의 정확한 개수는 연구자들이 미소를 어떻게 정의하느냐에 따라서 달라진다. 흔히 미소라고 하면 입술이 옆으로 펴지면서 위로 올라가는 것을 말한다.

　조지워싱턴 대학 인류학과의 안면근 전문가인 루이 디오고는 미소를 만드는 근육 중에서 입꼬리를 바깥쪽으로 끌어당기는 표정근은 인간에게만 있다고 한다. 인간이 짓는 미소는 종류만 50가지가 넘는다. 우리는 행복할 때만이 아니라 다른 여러 가지 감정을 경험할 때도 미소를 짓는다. **억지로 만드는 미소와 무의식중에 나오는 미소 사이에는 지배하는 신경이 달라 표정에 미묘한 차이가 있다. 하지만 연습과 훈련으로 그것을 줄일 수 있다.**

　밝은 표정을 짓는 연습을 할 때는 얼굴 모양에 구애받지 말고 감정부터 넣어보라. 즐거웠던 일, 기뻤던 일을 회상하면 웃는 얼굴이 자연스럽게 만들어진다. 그러나 그것은 어디까지나 거울 앞에서의 이야기다. 실제로 다른 사람을 대할 때에는 즐거웠던 일을 생각해낼 여유가 없다. 그럴 때에는 상대의 말에 귀를 기울여 말을 긍정적으로 해석해 보라. 그런 이해심이 웃는 표정, 환한 표정을 자연스럽게 만들어낼 것이다. 탤런트나 가수의 흉내를 잘 내는 사람이 있다. 안면표정근을 믿을 수 없을 정도로 잘 움직이면서 표정을 흉내 내어 사람들을 웃게 만든다.

사람은 기분이 좋으면 얼굴이 활짝 펴지고 나쁘면 굳어진다. 느끼는 감정에 따라 얼굴 표정은 바뀐다. 심리학 연구에 의하면 그 반대일 수도 있다. 기쁘니까 얼굴이 활짝 펴지는 것이 아니라, 얼굴을 활짝 펴니까 기뻐진다는 것이다. 즉 표정 변화가 일정한 감정을 느끼게 한다는 이야기다. 이것을 증명하기 위해 얼굴 근육을 자유롭게 움직일 수 있는 숙련된 배우를 피험자로 하여 두 가지 심리학 실험을 했다.

한 실험에서는 그에게 놀람, 혐오, 슬픔, 분노, 공포, 행복 등 정서를 강하게 느꼈던 경험을 머릿속에 구체적으로 떠오르게 하여 표정을 짓게 했다. 또 하나의 실험에서는 그에게 거울을 보여주면서 얼굴 근육을 움직여 일정한 표정을 만들게 했다. 실험자는 감정에 관해서는 일절 언급하지 않고, 다만 근육을 움직이라고만 지시하여 웃음이나 분노의 표정을 만들게 했다. 즉 "슬픈 표정을 지으세요."라고 하지 않고, "눈썹 안쪽으로 힘을 넣으세요."라고 하여 표정을 만들게 했다.

실험 중에는 거짓말 탐지기로 심장 박동 수, 좌우의 손의 온도, 피부 전기 반응, 팔의 근육 긴장 등 자율 신경의 반응을 측정했다.

첫째 실험의 결과, 느끼는 정서에 따라 생리적 반응이 다르다는 것이 밝혀졌다. 행복을 느낄 때보다 분노와 공포를 느낄 때 심장 박동수가 빨랐다. 반면에 손의 온도는 공포를 느낄 때보다 분노를 느낄 때 높았다. 이것은 신체가 받는 영향은 정서에 따라 달라진다는 것을 말해준다.

둘째 실험의 결과, 얼굴 근육을 움직여 표정을 만들 때의 생리적 변화는 정서를 기억해낼 때의 생리적 변화보다 더 컸다. 즉 첫째 실험에서의 생리적 변화가 둘째 실험에서의 생리적 변화보다 더 크고 확실했다.

풀이 죽어 있는 사람에게 "그렇게 찡그리지만 말고 웃어 봐."라고 충고를 해주는 것은 심리학적으로도 상당히 일리가 있는 말이다. 얼굴을 찌푸리면 표정근의 작용으로 기분이 가라앉게 되지만, 행복한 표정을 지으면 기분이 좋아지게 된다. 이처럼 얼굴 표정은 자기의 감정 상태를 다른 사람에게 알리는 정보 전달 기능, 즉 생리적 흥분과 주관적 경험을 결정짓는 기능을 가진다. 마음이 어두워질 때는 거울을 보고 행복한 웃음을 지어보라. 조금은 마음이 밝아질 것이다.

몸짓에서
Yes와 No,
거짓말을 구별해낸다

버스나 전철을 타면 유명한 연예인의 얼굴 옆모습이 커다랗게 나오는 광고 포스터를 볼 수 있다.

이때 모델의 얼굴이 왼쪽 얼굴이냐 오른쪽 얼굴이냐에 따라 사람들에게 주는 인상은 매우 다르다. 사람들에게 왼쪽은 화난 표정이고 오른쪽은 웃는 표정인 얼굴 사진을 잠깐 보여준 뒤에, 사진의 인물이 어떤 표정을 짓고 있느냐고 물어보면 화난 표정이었다고 대답하는 사람이 훨씬 더 많다.

얼굴은 좌우가 다르고,
진짜와 가짜 얼굴이 따로 있다

피험자에게 좌우 대칭의 의미 없는 그림을 보여주고 성격 특성을 진단하는 로르샤흐 검사Rorschach Test에서도 사람들은 그림의 왼쪽에 더 주목한다. 안구眼球가 자신을 기준으로 오른쪽상대방 쪽에서는 왼쪽으로 움직이기 쉽기 때문에 자연히 시선이 상대방의 왼쪽에 집중되는 것이다.

이러한 안구의 움직임에 맞춰 감정도 얼굴 왼쪽에 더 확실히 나타난다. 반쪽 얼굴만으로 합성 사진을 만들어보면, 왼쪽만으로 합성한 사진이 오른쪽만으로 합성한 사진보다 감정이 확연하게 드러나고 위화감을 덜 준다. 따라서 상대의 속마음을 파악하기 힘들 때는 상대방의 왼쪽 얼굴을 자세히 살펴보면 도움이 된다. 사랑하는 사람끼리 서로 마주볼 때도 상대의 왼쪽 얼굴에 시선이 더 많이 간다. 따라서 매력적으로 보이고 싶은 여성은 남성의 오른쪽에 앉아 왼쪽 얼굴이 더 많이 보이도록 하는 것이 좋다.

얼굴에는 진짜 얼굴과 거울에 비친 얼굴, 곧 '경영사진鏡映寫眞'의 얼굴이 있다. 실제로 우리는 한 번도 자기 얼굴을 직접 본 적이 없다. 진짜 자기 얼굴이라고 생각하는 얼굴은 거울에 비친 얼굴이다. 문제는 경영사진에서는 상像이 역전逆轉되어 있다는 것이다. 따라서 우리는 거울을 통해 언제나 역전된 자기의 모습을 보고 있을 뿐이고, 다른 사람들만이 정면에서 우리의 진짜 모습을 보고 있다. 엄밀히 말해 '내가 보는 나'와 '다른 사람이 보는 나'는 다르다는 것이다.

심리학에 '숙지성熟知性의 원리'가 있다. 사람들은 대개 처음 본 사람보다는 몇 번이라도 본 적이 있는 사람에게 더 호감을 가진다. 여러 번 만나다보면 상대편을 이해하게 되고, 나아가 자기에게 긍정적인 영향을 줄 사람인지 부정적인 영향을 줄 사람인지도 파악하게 된다.

심리학자 미타는 이 점에 착안해서 재미있는 실험을 했다. 사람들의 진짜 얼굴 사진과 거울에 비친 얼굴 사진을 준비해서 두 장의 사진을 본인과 그 사람의 친구에게 보여주고, 어느 쪽이 마음에 드는지를 물어보는 실험이었다. 미타는 숙지성의 원리를 두 장의 사진, 곧 '진짜 나의 얼굴 사진'과 '거울에 비친 나의 얼굴 사진'을 비교하여 호감도를 확인해보았다. 이 원리가 사실이라면 늘 나를 보아온 친구들은 '진짜 내 얼굴 사진'을, 나는 늘 거울에서 나를 보아 왔음으로 '거울에 비친 내 얼굴 사진'을 더 좋아할 것이다.

결과는 예상대로였다. 실험에 참가한 사람들 가운데 약 70%가 진짜 자기 얼굴보다 거울에 비친 자기 얼굴을 더 좋아했다. 친구들의 약 60%는 거울에 비친 나의 얼굴보다 진짜 나의 얼굴을 더 좋아했다. 이처럼 우리는 거울에 비친 자기 얼굴에 더 친근감을 느끼며 살아가고 있다. 내가 알고 있는 얼굴이 나의 진짜 얼굴이 아니듯, 겉으로 나타나는 상대의 몸짓을 통하여 어떻게 그의 속마음을 알아낼 수 있을까?

몸동작에서의
'Yes'와 'No'

심리학자 오혜야 등은 거짓말을 할 때의 행동을 알아보기 위해서, 면접자실험자의 질문에 대해 피험자가 거짓말로 응답하도록 지시했다. 그리고 지시 직후와 거짓말하기 직전, 거짓말로 응답할 때와 그후의 응답 등 각 시기의 여러 가지 행동을 기록했다.

거짓말을 하도록 지시를 받은 직후는 대화가 도중에서 끊기는 경우가 많았고, 또 빨리 응답하려고 했기 때문에 유연성이 없었으며, 자세까지도 뻣뻣해졌다. 거짓말을 할 때가 되면 말도 더욱 짧아졌고, 미소도 감소되었다.

그리고 무엇보다 손가락을 움직이든지, 자신의 신체를 무의미하게 만진다든지, 상대방의 발언을 긍정하는 제스처 등이 나타났다. 이처럼 자신의 본심을 감추고 거짓말을 할 때는 여러 가지 신체의 사인이 나오게 된다.

영업 기법에 대혁명을 불러일으킨 켄더머라는 미국인 기업가가 있다. 그는 자신만의 영업 상담 비법을 책으로 펴냈는데, 그 가운데서 심리학적으로 타당하다고 생각되는 몇 가지 내용을 소개한다. 먼저 상대의 손 움직임에서 'Yes'와 'No'를 읽어낼 수 있다.

다음 동작들은 모두 'Yes'를 뜻한다.

- 한쪽 손이 가슴에 가 있다.

- 턱을 문지른다.

- 차고 있던 시계를 풀어 탁자에 놓는다.

- 손가락보다는 손바닥을 펴고 가리킨다.

- 탁자 위에 손을 올려놓고 여러 가지 손짓을 하면서 이야기한다.

- 손으로 첨탑 모양을 만든다.

좀처럼 설득되지 않는 것 같은 기미가 보이더라도 상대가 이런 동작을 하고 있다면, 더욱 적극적으로 설득할 필요가 있다.

반대로 다음 동작은 'No'를 나타낸다.

- 양손을 서로 비빈다.

- 양손을 넓적다리 위에 얹어놓고, 팔꿈치를 펴고 양손의 엄지손가락을 서로 마주보게 하고 있다.

- 양손을 머리 뒤로 돌려 마주 잡는다.

- 양손으로 무릎을 문지르고, 눈을 두리번거리면서 몸을 일으키려는 자세를 취한다.

- 손으로 이마를 문지른다.

- 양손으로 턱을 괸다.

- 손가락으로 수를 세거나, 탁자를 두드린다.

이런 동작은 모두 '불쾌하다', '이야기를 듣고 싶지 않다', '승낙할 수 없다' 등의 속마음을 전한다. 이럴 때 교섭이나 설득을 계속해도 성공할 수 없으므로, 그 정도에서 끝내고 나중에 분위기를 바꿔 다시 시도하는 것이 좋다. 이제 입과 관련된 움직임을 살펴보자.

- 입술을 쓰다듬는다. ⇨ 'Yes' 표시
- 입을 굳게 다물지 않고 살짝 열려 있다. 쓰다듬는다. ⇨ 'Yes' 표시
- 입술 끝이 자주 살짝 올라간다. 'Yes' 표시
- 혀를 볼 안쪽으로 밀어 넣는다. ⇨ 'No' 표시
- 입을 꽉 다물고 입술이 말라 있다. ⇨ 'No' 표시
- 입술을 깨문다. ⇨ 'No' 표시
- 어금니를 힘껏 물거나, 턱을 반복해서 내밀었다 당겼다 한다. ⇨ 'No' 표시

사람의 인상에서 코가 차지하는 비율은 매우 크다. 코의 생김새로 그 사람의 성격을 묘사하기도 한다. 예를 들어 동화 속의 마녀는 매부리코, 착한 사람은 둥그런코, 주정뱅이는 딸기코로 묘사한다. 그 밖에 주먹코, 개코, 넓적코도 있다. '콧대가 높다', '콧방귀를 뀐다', '코를 벌렁거린다', '콧김이 세다' 등 코와 관련된 표현이 많다. 코는 심리학에서 별로 주목받지 못하고 있지만, 실제로 손가락이나 손과 관련된 동작은 여러 가지를 의미한다.

- 손가락으로 콧잔등을 문지른다. ⇨ 당신을 의심하고 있다.
- 코를 후빈다. ⇨ 당신을 받아들이지 않고 있다.
- 손가락으로 코 밑 부분을 문지른다. ⇨ 당신에 대해 불쾌감을 갖고 있다.

결론적으로 말하면 코와 관련된 이런 동작들은 대화가 잘 진행되지 않아 긴장하고 있다는 것을 표현한다. 긴장하면 코 안 점막에 생리적인 변화가 일어나 코가 간지러워진다는 학설도 있다.

'Yes'와 'No'뿐만 아니라, 몸짓으로 거짓말을 알아내는 방법도 있다.
"보는 눈과 듣는 귀를 가진 사람들 앞에서 절대 비밀을 지킬 수 없다는 것을 명심해야 한다. 입술이 잠자코 있어도 손가락이 가만히 있지 못한다. 비밀은 몸에서 흘러나오게 마련이다."
이것은 정신분석학의 창시자 프로이트의 말이다. 이처럼 거짓말을 하는 사람은 거짓말이 탄로 나지 않도록 말과 얼굴에 세심한 주의를 기울이지만, 상대방이 관심을 갖지 않는다고 생각하는 신체 부분에는 특별히 주의하지 않는다. 따라서 거짓말을 하고 있는지는 몸짓을 통해 더 잘 알 수 있다.

미국의 심리학자 듀크스는 인간의 몸동작에서 거짓말을 알아내는 방법을 다음과 같이 설명하고 있다.

- **설명을 하기 위한 동작이나 손놀림이 없고, 있어도 어색하다** : 자신의 감정이 겉으로 드러날까 봐 두려워서 손놀림을 감추려 한다. 손을 움켜쥐거나 호주머니 속에 넣기도 한다.

- **입을 제외한 얼굴 여기저기를 계속 만진다** : 코를 만지고, 턱을 문지르고, 볼을 쓰다듬는다. 입에서 진실이 튀어나오는 것을 억제하기 위한 동작이다. 입이 아닌 다른 부분을 만지는 것은 거짓말을 하고 있는 입에 관심이 모이지 않게 하려는 위장술이다.

- **몸 전체의 움직임이 많아진다** : 머뭇거리거나, 자세를 자주 바꾸거나, 발을 계속 움직이거나, 손장난을 한다. 현재 상황에서 빨리 벗어나고 싶은 기분을 나타낸다.

- **상대가 하는 말에 민감하게 반응하고 말을 많이 한다** : 진실이 드러나지 않을까 하는 불안감 때문에 잠자코 있지 못한다. 상대에게 추궁당할까 봐 빨리 다음 이야기로 넘어가고 싶어 한다.

- **응답에 유연성이 없다** : 거짓말을 해야 한다는 생각 때문에 상대가 하는 말에 정중하게 대답할 여유가 없다. 말에 밸런스가 맞지 않고 애매모호하게 대답한다.

- **웃음이 줄어들고 고개 끄덕임이 많아진다** : 긴장해서 웃음이 줄어든다. 대화가 끊기면 불안하므로, 상대에게 계속 말을 시키려고 고개를 많이 끄덕인다.

열심히 설득하고 있는데, 상대가 이런 동작들을 하고 있으면 무슨 꿍꿍이가 있다고 보아도 틀림없다. 그 자리에서 거짓을 지적하면 상대를 당황하게 할 수도 있으므로, 속는 척하다가 나중에 그것을 지적해서 굴복시키는 것도 좋은 방법이다.

자신의 거짓말을 의식적으로 감추려 할 때에 무심코 이런 반응이 나타나 거짓말이 탄로가 나는 경우가 있다. 거짓말을 밝혀내는 방법으로는 이런 것들이 있다.

- **숨이 차다** : 얼굴이 홍조가 되거나, 극도의 공포를 맛본 경우에는 안면이 창백해지기도 한다. 또 숨결이 거칠어진다. 발한發汗 작용이 격렬해지며, 마음을 침착하게 하기 위해서 호흡을 가다듬는 등의 징조가 있다.

- **목이 막힌다** : 목이 막힌 듯한 모습을 보인다. 텔레비전이나 영화에서 배우가 공포나 슬픔을 연기할 때, 이러한 행동을 한다. 사람들 앞에서 말할 때, 흥분이 잘되는 사람은 불안한 나머지 목구멍에 점액이 막혀 기침을 계속한다.

- **목소리가 갑자기 높아진다** : 성대는 다른 근육과 마찬가지로 스트레스를 느끼면 긴장한다. 그래서 소리의 옥타브가 올라간다.

- **주의력 산만으로 다른 사람의 이야기를 듣지 않는다** : 스트레스를 느끼게 되면 집중력이 떨어져, 파티에서 방금 소개받은 사람의 이름조차 생각나지 않는다.

손에도
화법이 있다

사람의 마음을 움직이는 심리술에 뛰어난 사람은 넌버벌 커뮤니케이션의 중요성을 숙지하고, 상대에 따라 그것을 잘 활용하고 있는 사람이다. 무솔리니는 뛰어난 웅변과 함께 사람들에게 강한 인상을 주는 동작으로 유명하다. 그는 상대방을 위협하거나 불안에 젖게 하는 자세를 노심초사 연구했다. 로잔 회의 당시 외교관들은 엘리베이터 앞에 있던 복도 거울을 향해 무솔리니가 몇 번이고 여러 가지 얼굴 표정이나 몸동작을 연습하는 것을 목격했다고 한다.

히틀러가 무솔리니 이상이었다는 것은 말할 필요조차 없다. 항상 그는 연설을 할 때마다 석양을 뒤로 하는 위치만 고집했다. 심지어는 구름이 끼면 연설을 중지할 정도였다. 연단에서는 등줄기를 꼿꼿하게 펴서 우렁찬 소리를 낸다. 게다가 종종 주먹을 흔드는 등 사람들의 마음을 압도하고 장악하기 위해, 말 이외에도 위협적인 메시지를 줄 수 있는 넌버벌 요소들을 총동원했다.

히틀러의 넌버벌 커뮤니케이션 중에서도 가장 뛰어난 것이 '하일 히틀러!'라는 독특한 포즈다. 이것은 나치의 강력한 힘과 히틀러에 대한 충성을 연상시키는 훌륭한 수단이 되었다. 나치의 상징인 철십자 문양과 깃발마저도 사람들에게 강인한 인상을 주기 위해 히틀러가 직접 고안해낸 것이다.

지금은 세계 공통의 언어가 된 '승리의 사인', V자는 처칠이 자주 사용하는 포즈였다. 프랑스의 드골은 연설 때마다 어깨를 들어 올려 마치 하늘을 잡을 것 같은 제스처를 취했다. 말콤 엑스도 사람들을 선동하기 위해 주먹을 뻗어 올려 팔꿈치를 흔드는 제스처를 유효적절하게 사용했다.

이처럼 다양한 '손의 표정'을 이용한 핸드제스처로 설득력을 높이는 방법은 정치 세계나 연설의 장에만 국한된 것은 아니다. 비즈니스나 통상적인 인간관계에서도 자기의 말에 설득력을 높이고, 상대방에게 예스라는 말을 이끌어낼 때, 손은 매우 중요한 도구다. 예를 들면 상대에게 팸플릿을 보여주면서 "이렇습니다. 이것이 이 제품에는 지금까지는 없었던 중요한 장점들입니다. 자, 잘 보십시오."라고 손으로 지적하거나 붉은 볼펜을 꺼내 줄을 긋고 동그라미도 둘러친다.

말을 빛나게 하는
핸드제스처

말은 별다른 관심을 끌지 못한 채 한 귀로 흘려보내진다고 할지라도 핸드제스처로 하는 시각적 자극은 때로 강렬한 인상을 심어준다. 이러한 적극 공세는 상대로 하여금 '저 친구가 이렇게 열심인 것은 내용에 자신이 있기 때문이 아닐까?'라고 생각하게 하여, 쉽게 설득될 가능성이 높다. 적극적인 방법으로는 가장 핵심적인 말을 꺼낼 때, 위협적으로 상대를 향하여 손가락 세 개를 들어 보이며 "중요한 점이 세 가지 있습니다."라고 한다. 이것은 신체의 약동감을 통해 자신감을 표현할 수 있으며 상대의 심리에 강하게 호소할 수 있다.

핸드제스처 가운데 부드러운 방법으로는 손가락과 손으로 상대의 몸을 직접 터치하는 '스킨십 이용법'이 있다. 말하는 도중 자연스럽게 상대의 어깨에 자신의 어깨를 가까이 접근시켰다가 중요한 순간이 오면 상대의 손을 양손으로 포개어 잡고 설득을 시도한다. 접촉의 행위는 아주 요란스러운 것이 아닌 한 상대에게 친근감과 안정감을 준다. 나아가 상대의 마음을 직접 접촉하는 것과 같은 강한 설득 효과를 기대할 수 있다.

반대로 주의해야 할 손의 화법도 있다. 말 한마디에 여러 번 손을 흔드는 것은 상대방에게 경박한 인상을 줄 수 있기 때문에 주의해야 한다. 또한 손짓이 어깨 위까지 올라가서는 안 된다. 지나친 과장을 하는 것 같아 신뢰성을 떨어뜨린다. 손을 움직이면서 상대편에게 손바닥을 보이는 것 또한 특별히 조심해야 한다. 이것은 상대방의 말을 제지하거나 중단하는 것 같은 인상을 줄 수 있다.

자칫 딱딱해지기 쉬운 회의 석상이나 전화 통화를 하면서 옆에 낙서용 노트를 준비해두는 사람이 있다. 상대와 전화 통화 중에 의미 없는 낙서를 하면서 이야기를 하면 긴장이 풀리고 이야기하기가 훨씬 쉽기 때문이다. 사람은 정신적인 일로 긴장이 되었을 때, 그 긴장 상태를 몸의 다른 부분의 단순 작업으로 완화시키려는 경향이 있다.

신경생리학적으로도 정신활동이라든가 사고활동과 직접 관계가 없는 신체의 다른 근육을 적당하게 반복적으로 움직여주면, 신경이나 정신의 긴장 상태가 역으로 완화되어 활발함을 되찾는다. 회의나 연설 도중 손을 자주 움직이거나 몹시 긴장될 때, 무릎을 덜덜 떠는 것도 마찬가지 작용을 한다. 이 원리를 이용해 회의에서 발표자로 지명되었을 때, 의식적으로 손을 움직이면 어느 정도 긴장되었던 신경을 가라앉히거나 자기도 모르게 갑자기 흥분하는 것을 미연에 방지할 수 있다.

대화를 나눌 때 상대의 손이 그의 몸 어느 부분에 가 있는지를 살펴보라. 상대의 감정과 의향을 파악하는 데 크게 도움이 된다. 물론 버릇이 된 것도 있기는 하지만, 감정에 따라 손이 무의식중에 몸의 어느 부분에 가게 되는 것은 아주 재미있는 일이다. 그것은 무의식적인 뇌의 활동과 관계가 있다. 우리는 가슴 조이며 손으로 가슴을 쓸어내리고, 골치 아픈 일이 있을 때는 손으로 이마를 누른다. 이처럼 손은 물건을 집거나, 옮기거나, 글씨를 쓰는 등 작업 동작에만 쓰이는 것이 아니다. 손은 감정 표현의 주요한 수단과 도구로 쓰인다.

손이 머무는 곳에
감정이 묻어난다

상대방 여성이 목에 손을 대고 약간 구부러진 자세로 당신과 대화를 나누고 있다면, 그녀는 비굴함을 느껴 자신을 비하하고 있다고 볼 수 있다. 또 상대 여성이 주먹을 쥔 오른손을 왼손으로 덮고 있다면 당신을 별로 좋아하지 않고 당신의 말에 찬동하지 않는다는 의미를 담은 포즈다.

심리학자 시부야는 그 외 몇 가지 손동작을 통하여 상대의 감정과 의향을 알아보는 방법을 다음과 같이 설명하고 있다.

〈거짓말을 하면서 본심이 드러날까 두려울 때〉

- 입과 눈을 손으로 가린다.
- 코, 눈썹, 눈을 손으로 비빈다.
- 손놀림이 뻣뻣하다.
- 입을 오무린다.

〈상대의 말을 의심할 때〉

- 코밑을 손으로 쓰다듬는다.
- 목젖 부분을 앞으로 당긴다.
- 눈을 아래로 내리뜨고 쳐다본다.

〈불유쾌하게 생각할 때〉

- 콧등을 문지른다.
- 입을 삐쭉거린다.
- 고개를 돌린다.

〈상대의 말의 허점을 발견하려 할 때〉

- 볼에 손을 댄다.
- 고개를 이리저리 천천히 돌린다.
- 탁자를 손가락으로 작게 톡톡톡 두드린다.

화가 나서 코를 벌렁거릴 때 외에는 코는 거의 감정을 나타내지 않는다. 하지만 코에 손이 가게 되면 의심, 거절, 불쾌의 의사 표현이 된다. 당신이 영업활동 차 친분이 있는 선배 사무실을 찾았다고 하자.

"어때, 실적 많이 올렸어?"

"실은 말입니다. 선배님께 저희 회사에서 새로 나온 신제품 하나를 소개하러 왔습니다."

이때 "그래 잘 왔어. 이야기 한번 들어보자."라고 반갑게 맞아주거나, "그런 일 때문에 왔다면 그만 돌아가 줘."라고 딱 잘라 말하는 선배는 아마 없을 것이다. 일부러 자기 일에 몰두하는 척하면서 당신의 말을 건성으로 듣는 사람이 있는가 하면, 듣는 척하지만 생각은 딴 데가 있는 사람 등 여러 가지일 것이다.

이때 탁자 위에 놓인 선배의 손의 움직임을 슬며시 살펴보라. 탁자 위에서 움직이는 손놀림에서 당신의 설득이 먹혀 들어가는지 아닌지를 알 수 있다. **탁자는 손동작의 더 할 수 없는 좋은 무대가 된다. 탁자 위에 움직이는 손은 마치 백지 위에 자기의 감정이나 마음의 움직임에 따라 그림을 그리는 것과 같고, 선율에 따라 피아노 건반을 두드리는 것과도 같다.**

심리학자 시부야 쇼우조우는 그것을 다음과 같이 설명하고 있다.

〈탁자 위에 양손을 펴고 있다〉

• 당신의 말을 수긍하고 받아들이려는 자세다. 우리끼리 이 문제를 진지하게 다루어보자는 신호다.

〈탁자 위에 주먹을 쥐고 있다〉

• 당신의 설명을 듣고는 화가 치밀어 오른다든가, 납득할 수 없다든지, 화가 나 있을 때다. 한마디로 당신의 말이 상대에게 전혀 먹혀 들어가지 않을 때다. 이럴 때는 말을 끊고 상대의 말을 들어보라.

〈펜이나 손가락으로 탁자를 소리 나게 두드린다〉

* 말을 그만 멈추라는 신호다. 한마디로 당신의 말을 듣고 싶지 않을 때다. 탁탁 소리를 냄으로써 당신의 말을 방해하고 있다. 이럴 때는 말을 멈추고 상대에게 말할 기회를 주라.

〈탁자 위에 놓인 물건을 치운다든가, 탁자를 닦는다〉

* 당신의 말에 흥미를 느끼고 진지하게 들으려 할 때의 자세다. 당신과의 사이에 가로놓인 장벽을 깨끗이 치워 마음을 비우고 대화를 나누겠다는 준비 자세다.

〈탁자 위에 놓인 물건을 자꾸 만지거나 이리저리 옮겨 놓는다〉

* 당신의 말에 싫증을 느껴 더 이상 설명을 듣고 싶지 않다는 사인이다. 탁자 위의 물건을 깨끗이 치우는 것과는 달리, 이리저리 물건을 옮긴다는 것은 더 이상 당신의 말을 듣고 싶지 않다는 표시다.

〈펜으로 당신을 가리킨다〉

* 자기 우월감을 가지고 상대를 낮추어보는 사람이 이런 동작을 많이 취한다. 또 동점심이 없고 자기중심적인 사람이 이런 동작을 많이 취한다.

신체 접촉과
보행 속도에서
호감도를 읽는다

우리는 호감을 가지는 사람에게는 의식적이거나 무의식적으로 가까이 접근하게 된다. 자리가 고정되어 있어 접근할 수 없는 경우에는 눈으로 상대를 따라잡으려 한다. 서로 호감을 가지면 시선 교차가 빈번히 일어나는데, 그것은 두 사람 사이의 간격을 좁히려는 신호다. 또 몸의 방향과 기울기도 의식적이거나 무의식적으로 상대 쪽으로 향하게 된다.

돌처럼 말아 쥔 주먹이 아니라, 둥글고 부드럽게 편 손바닥으로 악수를 나누는 것과 같은 신체 접촉은 어떤 넌버벌 커뮤니케이션보다 큰 호감을 불러온다.

신체 접촉에서의
호감도

서로의 접근도를 높이는 가장 좋은 방법은 직접적인 신체 접촉이다. 손을 잡거나 어깨를 두드리거나 포옹함으로써 사랑의 감정을 확인한다. 반대로 싫어하는 사람과는 거리를 두려고 한다. 어쩔 수 없이 신체가 접촉하게 될 때는 살짝 몸을 돌려 피한다. 물론 거리를 둘 수 있을 때는 일정한 거리를 유지한다. 직접적인 접촉을 허용한다는 것은 강한 호감을 가지고 있다는 신호다. 누구라도 갑자기 포옹하면 놀라서 몸을 빼려고 한다. 그러나 호감을 가지는 사람에게는 그대로 몸을 맡긴다. 그러면 호감이 가지 않는 사람과 어쩔 수 없이 가까이 있게 될 때는 어떻게 하면 좋을까?

될 수 있는 대로 신체를 접근하지 말고, 또 시선을 맞추지 않으면 된다. 만원 버스, 출근길 지하철에서는 모르는 사람과 코가 닿을 정도로 가까이 서게 되는 경우가 많다. 그때 필사적으로 몸을 돌려 시선을 서로 맞추지 않으려 애쓰는 것은 이런 심리 현상을 나타낸다.

신체 접촉은 다른 사람에게 손을 대는 것과 자기 몸에 손을 대는 것으로 나눌 수 있다. 후자의 경우에는 머리카락이나 입 언저리를 만지작거리든지, 코를 후빈다든지, 이를 쑤신다든지, 생각이 잘 나지 않을 때에 손가락으로 귀를 후빈다든지 하는 동작이 대표적이다.

불안하면 자기 몸을 자주 만지거나 바지 주머니에 손을 집어넣는 사람이 있다. 유럽에서는 양복 주머니에는 손을 넣지 않는 것이 에티켓이다. 그러나 우리나라에서는 말쑥하게 차려 입은 정장 바지에 손을 넣고 다니는 남성을 흔히 볼 수 있다. 한국 남성에게서만 보이는 이런 독특한 몸짓은, 아이가 성장함에 따라 부모나 주위 사람들의 접촉 자극이 서서히 중단되면서 나타나는 갈등이 그 원인이라고 할 수 있다. 서아시아나 아프리카에서는 성인 남성끼리도 손을 잡고 걷는다고 하지만, 우리나라에서는 초등학교 3학년만 넘으면 이런 동작을 볼 수 없다. 한국인의 애정 표현이 공격적이고 반어적인 형태로 나타나는 것도 신체 접촉에 관한 금기가 너무 강하기 때문인지도 모르겠다.

접촉 경험은 주로 '만진다'라는 손으로 하는 의도적이고 일방적인 동작과 '닿는다'라는 비의도적이고 상호적인 것으로 나뉜다.

접촉의 몸짓은 다음과 같다.

① 인지認知를 목적으로 하는 만지기
② 의사 전달을 목적으로 하는 만지기
③ 인지를 목적으로 하는 닿기
④ 의사 전달을 목적으로 하는 닿기

눈으로 지각한 것을 확인하는 ①의 동작은 기본적인 촉각 작용이다. 생선 가게에서 보는 것만으로는 판단이 서지 않아 고등어에 손을 대보는 행위를 예로 들 수 있다.

음식을 먹을 때에 수저와 같은 도구를 사용하는 문화권과 사용하지 않는 문화권이 있다. 인도에서는 음식을 오른손 손가락으로 솜씨 좋게 뭉쳐 입에 넣는다. 그럼으로써 카레의 쏘는 맛이나 요구르트의 부드러운 감촉을 손가락으로 먼저 만진다. 인도 사람들은 나이프와 포크로 음식 먹는 것을 마치 통역을 사이에 두고 사랑의 대화를 나누는 것처럼 생각할 것이다. 서양에서도 수프나 소스의 간을 볼 때는 가운데 손가락을 사용한다.

②의 대표적인 것은 악수지만, 일반적으로 동양인은 다른 사람의 몸에 손대기를 어려워한다. 그러나 관습적으로 주로 여성들에게 허용되는 몇 가지 행위가 있다. 여성들이 자기 옆 친구를 팔꿈치로 툭툭 건드리는 경우가 있다. 이는 주의를 환기시키기 위해 하는 동작으로 남성도 친한 친구끼리는 자주 하는 몸짓이다. 엉덩이를 꼬집어 의사를 전달하는 경우도 있는데, 남자가 다른 남자의 엉덩이를 꼬집지는 않는다. 보통 여자가 남자의 엉덩이정확하게 말해서 허벅지를 꼬집는 경우가 많다. 팔꿈치를 다른 사람을 떼미는 것도 여성만이 하는 몸짓이다.

③으로는 의사의 진찰이나 한의사의 진맥밖에 예로 들 수 있는 것이 없다. ④의 예로는 릴레이 주자가 다음 주자에게 손으로 터치하는 것이라든가, 약속 장소에 미리 나와 있는 친구의 어깨를 뒤에서 가볍게 두드림으로써 자기가 왔음을 알리는 것 등을 들 수 있다.

발걸음에서의
호감도

회사마다 월요일이면 꼭 지각하는 사람이 있다. 이런 경우 심리학에서는 회사가 그에게 '마이너스 유인성誘因性**'을 가진다고 말한다. 반대로 일찌감치 준비하고 가벼운 마음으로 출근하는 사람에게는 회사가 '플러스 유발성'을 가진다고 한다.** 같은 요인이 사람에 따라 정반대의 유인성을 갖는다.

배가 고프면 레스토랑이나 식당으로 향하는 발걸음이 빠른 것은 식당이 플러스 유인성을 가지기 때문이다. 또 시간이 충분히 남았지만 약속 장소로 향하는 발걸음이 어쩐지 빨라지는 것은 만나기로 한 상대가 플러스 유인성을 가진다고 볼 수 있다. 마찬가지로 당신에게 다가오는 발걸음의 속도에서 상대의 마음을 읽을 수 있다.

〈발걸음 속도〉

- 당신에게 가까이 다가올수록 걸음걸이가 빨라진다 : 플러스 유인성. 무엇인가 좋은 일이 있기를 기대하고 있다. 호의를 가지고 있다. 대화하기를 즐거워한다. 빨리 대화를 나누고 싶어 한다.

- 당신에게 가까이 다가올수록 걸음걸이가 느려진다 : 마이너스 유인성. 꾸중을 들을지도 모른다는 생각을 갖고 있다. 얼굴을 마주치고 싶어 하지 않는다. 대화를 나누고 싶어 하지 않는다.

〈걷는 모습〉

- **아래만 보고 조용히 걷는다** : 내향적인 성격으로 주위보다 자기 자신에게 관심이 많다. 목표와 상관없는 일은 생각하지 않는다. 선입견이 많으므로 생각에 유연성이 없다.

- **아래만 보고 성큼성큼 걷는다** : 자의식이 강해 다른 사람이 도와주는 것을 싫어한다. 독단적인 성격일 수 있다. 고집이 세다. 일이 자기 뜻대로 되지 않으면 크게 낙담하지만, 대체로 성실하다.

- **고개를 들고 앞만 보고 간다** : 거만하고 다른 사람을 무시한다. 깊이 생각하지 않고, 성급하게 결단을 내린다. 화를 잘 낸다. 처음 뜻을 좀처럼 굽히지 않는다.

- **주위 풍경을 보며 걷는다** : 외향적인 성격으로 주위에 관심이 많다. 언제든 새로운 정보를 받아들일 자세가 되어 있다.

따라서 목표가 명확하고 빨리 달성해야 할 과제라면 '아래만 보고 걷는 사람'에게, 자연스러운 발상으로 빈틈없는 전략을 짜야 하는 과제라면 '옆도 적당히 살피며 걷는 사람'에게 일을 맡기는 것이 좋다.

대체로 호감을 주는 사람에게는 잘 웃고 정겨운 몸짓을 표출한다. 감정을 숨기지 않고 기분을 그대로 드러낸다. 보통 내향적인 사람보다 외향적인 사람들의 첫인상이 더 좋다. 내향적인 사람은 말하기 전에 뜸을 들이고 조용하다. 몸짓과 표정도 적고, 상대와 시선도 잘 마주치지 않는다. 그래서 서로 어색함을 느끼게 된다. 사람들은 이런 넌버벌 신호를 속임수로 오해할 수도 있다. 반면에 감정이 쉽게 읽혀지는 넌버벌에서는 편안함을 느낀다.

일하는 모습에서 성격을 엿본다

직장에서 함께 오래 생활하다보면 아무리 억제하려 해도 자기의 성격이나 행동 양식 등이 일하는 모습이 그대로 나타난다. 그래서 '저 사람은 타협을 허용하지 않는 냉철한 사람'이라든가, '우유부단한 사람'이라는 평가를 하게 된다. 그런 일반적인 성격이나 인품뿐만 아니라 본인이 눈치채지 못하는 욕구까지도 일하는 모습에서 드러난다. 어느 직장이나 마찬가지지만 어떤 사람의 성격을 파악할 때, 가장 유효한 척도 중의 하나는 '책임 있게 일을 수행하느냐' 하는 것이다.

심리학자 융은 심적 에너지가 외부로 향하느냐, 아니면 내부로 향하느냐에 따라 외향성 성격과 내향성 성격으로 분류했다. 그의 학설에 따르면 어떻게든 일할 기회를 잡으려는 사람은 외향적 성격이고, 일을 맡기 전에 책임부터 먼저 따져 주저하는 사람은 내향적 성격이다. **책임을 지는 방법의 차이는 일의 결과가 나왔을 때, 특히 실패로 끝났을 때에 더욱 뚜렷하게 나타난다.**

심리학자 로젠츠바이크는 이것을 세 부류로 나누었다.

- **내벌적**內罰的 **반응형** : 모든 것을 자기 책임으로 돌리는 타입이 있다. 곧 '하늘이 푸른 것도, 우체통이 붉은 것도 모두가 다 내 잘못'이라는 심리 상태다. 이러한 '자책'이 너무 심하면 노이로제에 걸리게 된다.
- **외벌적**外罰的 **반응형** : 반대로 책임을 모두 다른 원인에 결부시켜 자기 책임에서 벗어나려는 사람이다. 같은 팀 동료들에게 폐를 가장 많이 끼치는 타입이다.
- **비벌적**非罰的 **반응형** : 실패의 원인을 잘 분석하여 자기에게 책임이 있다고 생각되면 책임을 지고, 외부에 책임이 있다고 생각하면 그것에 책임을 돌리는 사람이다. 이것은 어디까지나 이상적인 인간상으로, 어느 쪽을 선택하든 자기가 저지른 실패의 결과를 줄이려 한다. 그렇게 하지 않고서는 엄격한 기업 전선에서 살아남기가 힘들다.

그러나 이런 실패가 원인이 되어 노이로제에 걸려 회사를 그만둬 버리는 사람도 있다. 이런 사람은 나약한 성격의 소유자로서, 욕구 불만을 견뎌내는 힘이 약하다. 또 과잉보호를 받고 자라 실패 때문에 강한 욕구 불만을 느끼고 정신적 붕괴에까지 이르는 사람들이 많다. 아마도 핵가족화가 이루어짐으로써 절제와 규제를 생활화 하지 못하기 때문이라고 할 수 있다.

또 실패에 따라 차츰 능력이 감퇴되는 현상은 심리학에서 말하는 '퇴행 현상'退行現象의 하나다. 그것은 자기 능력에 대한 자신감이 없으면 실제 능력보다 한두 발달 단계 아래로 되돌아가서 문제를 해결하려는 것을 말한다. 실수를 했을 때도 외향적인 사람이라면 취미생활을 즐긴다든지 친구와 만난다든지 해서 욕구 불만을 해소할 수 있다. 하지만 내향적인 사람은 마음속에 고민을 쌓아두기만 하면서 퇴행 행동을 거듭하게 된다.

직무의 중압감이나 상사, 동료와의 인간관계 혹은 중노동에 의한 신체적, 정신적 부담 등으로 직장인이 직장에서 느끼는 스트레스는 실로 다양하다. 직장에서의 스트레스 요인으로서 특히 주목해야 할 것은 '인간관계'다. 상사나 동료 혹은 부하 등 다양한 입장의 사람들과 관련되면서 직무를 수행시켜 나가는 이상, 거기에서 발생되는 인간관계상의 스트레스에 골머리를 앓지 않을 사람은 별로 없다. 이것은 거의가 커뮤니케이션이 원활하지 못한 데서 생겨난다고 해도 지나친 말은 아닐 것이다.

많은 사람과 함께 일하는 이상, 직장에서의 스트레스를 제로로 하는 것은 현실적으로는 불가능한 일이지만, 기업 측으로서는 종업원이 가지는 이런 스트레스를 줄일 수 있는 방법을 계속 강구해나가야 할 것이다.

얼굴 표정이 밝은 사람이 성공한다

미국의 전 대통령 클린턴은 얼굴 표정이 자주 바뀌어 '터키'칠면조라는 별명이 붙었다. 터키라는 별명은 자신의 생각이 자주 바뀌는 사람에게 붙는데, 클린턴의 얼굴을 비디오로 찍어 0.1초 단위로 그 표정을 측정해보았더니 정말 표정근이 자주 움직이고 있는 것이 판명되었다. 활발한 판단력을 지닌다는 이미지를 준다.

1998년 백악관 인턴이었던 모니카 르윈스키와 클린턴 대통령과의 혼외정사에 대한 소문이 떠돌기 시작한 직후, 텔레비전에 출연한 클린턴의 표정을 분석한 조사가 있었다. 당당하게 사회자와 마주 보면서 대담하던 그는 화제가 모니카에게로 넘어가자, 사회자와의 시선 교차의 초수秒數는 줄어들었으나 눈 깜박이 횟수는 훨씬 늘어났다. 1분간의 눈 깜박이 횟수가 70회를 넘었다. 이것은 매우 당황할 때의 표정이다.

표정근이 활발하게 움직이고 눈빛이 강한 사람은 명석한 사람이 많으나, 표정근의 움직임이 둔한 사람은 명석하지 않은 사람이 많다고 할 수 있다.

표정이 풍부한 사람이
성공한다

우리는 흘깃 다른 사람의 얼굴을 보고는 직감적으로 '그 사람 영리한 것 같군', '머리 회전이 빠를 것 같아'라고 생각할 때도 있고 '그 사람 뭔가 좀 둔한 것 같아', '좀 엉성한 데가 있는 것 같군', '반응이 느린 것 같아'로 생각하는 수가 있다.

"자넨 어째 그리 멍한 표정을 짓고 있어? 내 말을 듣고 있어?"

상사가 부하를 나무랄 때, 부하가 멍한 표정을 짓고 있으면 상사의 입에서 연속적으로 막말이 튀어 나올 때가 있다. 이런 정신이 멍한 상태를 심리학에서는 '비각성', 반대로 똑바로 정신이 깨어있는 상태를 '각성'이라고 부른다. 우리는 주변에 일어나는 흥미 있는 일에는 호기심을 갖게 되어 각성 상태에 이른다. 아름다운 여자가 옆을 지날 때면 남성의 눈동자가 활짝 열리고, 그쪽으로 얼굴을 돌리는 것도 각성 상태다.

아내가 아무리 미인이라도 일단 결혼을 하게 되면 안심감에서 그런지 아내의 얼굴을 바로 쳐다보지 않고 대화하는 남성도 있다. 아내가 말을 걸어와도 멍한 표정으로 신문에서 눈을 떼지 않고 "그래, 알았어."라고밖에 응수하지 않는다. "도대체 내 말을 듣고 있는 거야?"라고 아내가 나무란다. 이때는 비각성 상태의 표정이다. 비각성 상태의 표정은 표정근 전체에 힘이 들어가 있지 않으므로 느슨한 느낌을 준다. 이때 입의 가장자리는 밑으로 처지면서 입이 10% 정도 벌어지는 경우도 있다. 또 위 눈꺼풀에 힘이 들어가 있지 않아 눈의 초점이 흐트러져 있다.

반대로 각성 상태란 다음 계획을 구상한다든지, 회사의 장래를 예측한다든지 할 때처럼 머리 회전이 빠를 때이므로 표정근도 자주 움직인다. 특히 눈 위의 근육이 움직이며, 이럴 때는 자기의 기발한 아이디어를 힘주어 말하게 되므로 입언저리 근육도 활발하게 움직인다. 또 확실하게 자신감을 가지고 자기 의견을 힘주어 말하므로 턱 근육에 힘이 들어가는 수도 있다. "아, 그거 흥미 있는 얘긴데."라면서 관심을 가지게 되면 두 눈의 눈시울눈 구석 사이의 이맛살이 갑자기 좁혀진다. 이럴 때 상대는 '이 사람, 아주 생각이 깊구나'라는 느낌을 가지게 된다.

얼굴에는 그 사람의 나이는 물론 건강뿐 아니라 성장 과정도 묻어난다. 지하철에서 맞은편에 앉아 있는 두 사람의 얼굴을 보고 '저 두 사람은 틀림없이 아버지와 아들일 거야' 하는 생각이 들 때가 있다. 이 경우는 얼굴 표정이 닮은 것보다는 얼굴 윤곽, 눈, 코, 또 그 배열이 닮았다는 것이다. 그러나 그 두 사람의 얼굴을 자세히 살펴보면 가장 눈에 띄는 것은 표정에 공통성이 있다는 것이다.

"우리 아이는 표정이 전혀 없어요. 기분이 좋은지 나쁜지 통 알 수가 없어요."라고 말하지만, 표정이 없을 수가 없으므로 심리학자들은 이 것을 '무표정'이라고 하지 않고 '중립적 표정'이라 한다. "우리 집 아이는 전혀 감정이 없는 것 같아요."라고 호소하는 엄마의 얼굴을 잘 살펴보면 얼굴 전체의 표정근表情筋은 전혀 움직이지 않고 입만 움직이고 있어, 그 엄마의 얼굴이야말로 표정이 없는 것 같다.

왜 그럴까?

유아의 발달 과정을 생각해보면 그 이유를 쉽게 알 수 있다. 유아는 엄마의 얼굴을 인식하는 능력을 아주 일찍이 획득한다. 갓난아이는 주위에 많은 사람이 있어도 그 가운데서 용케 엄마의 얼굴을 찾아내고는 밝고 기쁜 표정으로 빤히 쳐다본다.

우리의 얼굴에는 태어난 지 얼마 안 되어 두 종류의 표정근, 즉 즐거운 표정과 싫은 표정이 나타난다. 생후 두 시간이 된 신생아의 혀에 쓴맛과 신맛이 나는 물질을 대었을 때, 나타나는 반응을 조사한 연구가 있다.

그 결과 갓난아이는 단맛에는 유쾌한 표정, 쓴맛과 신맛에는 불쾌한 표정을 짓는 것을 볼 수 있다. 즉 표정은 태어나면서부터 자동 표출되는 것이다. 그러나 그때 갓난아이는 보채지 않고 옆에 있는 엄마의 얼굴을 빤히 쳐다본다는 사실에서, 표정은 자동발생 이외의 또 다른 요소, 즉 '모방'에 의해 형성된다는 것을 알 수 있었다.

갓난아이는 가장 가까이서 오랜 시간 함께하는 사람, 특히 부모의 표정을 모방한다. 그래서 부모와 표정이 서로 닮게 된다. 따라서 엄마가 표정이 없으면 아이는 그 감정을 파악하기 힘들게 되고, 또 스스로 감정을 표현하는 방법을 몰라 무표정이 되고 만다.

거리를 거닐고 있는 무표정한 사람은 아마 무표정한 가족 가운데서 자랐거나, 감정을 거의 외부에 나타내지 않은 무덤덤한 어머니 밑에서 자랐을 것이다.

그러나 **얼굴 표정은 가정에만 국한되는 것이 아니라, 성인이 되어서는 여러 가지 외적 조건, 즉 친구의 얼굴, 회사에서는 동료나 상사의 표정**안색**을 살피는 가운데 변하게 된다.** 무표정한 사람은 가정에서 풍부한 감정 변화의 표현이나 소통 방법을 배우지 못하고 자란 사람일 것이다. 즉 그가 자란 가정은 따뜻하고 화목한 분위기가 아니라 차갑고 을씨년스러웠을 것이다. 이것이 당신이 그 사람을 판단하는 하나의 힌트가 된다.

표정이 살아 있는 사람과 연인이나 배우자로 맺어졌을 때, 두 사람의 관계는 훨씬 깊고 밝아질 것이다.

성공한 사람은
눈빛이 다르다

성공한 사람의 표정근은 살아 움직인다. 특히 눈빛이 보통 사람과 다르다. 눈과 눈이 마주치는 것을 '시선 교차'라고 하는데 그것에는 다음 3가지 요소가 있다. '길이', '강도', '방향'이다.

'길이'로 따져 본다면 1분간의 대화에서 32초, 즉 대화의 53% 이상의 시간을 상대를 쳐다보는 사람에게서 그가 가진 설득력이나 관심을 읽어낼 수 있다.

사업으로 성공한 사람은 리더십이 강한 사람으로, 많은 사람에게서 도움을 얻은 사람이다. 리더십은 눈에 드러나는데, 상대에게 오랫동안 시선을 주는 것이 그의 리더십의 조건이 된다. 일반적으로 '저 사람이 지금 강한 눈빛으로 관심을 가지고 나를 쳐다보고 있구나'라는 느낌이 들 때, 안면표정근에서 가장 크게 움직이는 것은 위 눈꺼풀인데, 눈 끝이 살짝 위로 들어 올려진다. 즉 위 눈꺼풀과 눈썹이 살짝 위로 올라간다. 이것은 노려보는 시선과는 전혀 달라, 노려볼 때는 보통 허리에 손을 얹고 굳은 표정으로 꽤 오래 움직이지 않고 상대를 쳐다본다. 그는 많은 사람들과 함께 있을 때는 시선을 여기저기 골고루 분배한다. 이것이 '방향'이다.

영국의 전 수상 마거릿 대처가 연설할 때의 표정을 살펴보면, 청중을 향하여 강한 눈빛을 보내면서 1~2분에 한 번 정도 이쪽저쪽으로 시선을 옮기곤 했다. **정치, 경제, 문화 등 각 분야에서 성공한 사람들은 좋은 인상을 띠고 있다. 특히 눈언저리 근육, 즉 '눈둘레근'이 확실하게 움직이는 것을 볼 수 있다. 눈을 크게 뜨고는 시선을 이리저리 옮기는 것이다.**

한편 경제적으로 실패하여 열등의식을 가진 사람은 다른 사람의 눈을 바로 쳐다보지 못한다. 즉 경제적인 성공이나 파탄 상태는 눈의 시선 교차에서 잘 나타난다.

눈은 얼굴 전체에서 표정의 중심이 된다. 눈의 움직임으로 좋은 표정과 나쁜 표정이 결정된다. 패션쇼에서나 헤어쇼에서도 모델의 눈의 움직임은 항상 주목받는다.

주어진 테마를 스테이지 위에서 보다 좋게 연출하는 것은 모델의 일이지만, 살아있는 눈은 관객에게 좋은 인상을 줄 뿐만 아니라, 테마 _{입고 있는 의상, 헤어 디자인} 그 자체가 살아나게 한다.

눈이나 입 등 얼굴 근육을 많이 움직이자. 시선의 상하, 좌우, 회전 운동 등과 함께 눈꺼풀의 개폐 속도도 잘 조정하여 풍부한 표정을 만들도록 하자. 보통 때도 상대의 눈을 봐가면서 이야기를 한다거나 듣도록 하자. 인상적인 눈은 당신의 아름다움을 두드러지게 한다.

눈으로 하는
수많은 말들을
읽어라

"눈은 마음의 창이다."라는 말처럼 우리 마음은 눈에 가장 잘 나타난다. 상대의 눈을 살펴보면 그 사람의 마음을 읽어낼 수 있다. 눈동자는 빛의 양뿐만 아니라, 마음의 변화에 따라 작아지기도 하고 커지기도 한다. 눈동자는 관심 있는 것이나 흥미 있는 것을 볼 때는 커지지만, 보고 싶지 않은 것을 볼 때는 작아진다. 그래서 마음에 드는 대상을 보면 눈동자가 빛나는 것이다. 이것을 '눈의 언어Eye Language'라 한다.

심리학자 헤스는 여성의 눈동자는 아이의 사진이나 남성의 누드를 볼 때 30% 정도 커지고, 상어처럼 사나운 짐승을 볼 때는 작아진다는 사실을 밝혀냈다. 한편 남성은 상어나 여성의 누드를 볼 때 눈동자가 커졌다. 마찬가지로 우리는 좋아하는 사람을 볼 때는 눈동자가 커지지만, 싫어하는 사람을 볼 때는 눈동자가 작아진다.

그렇다면 눈동자가 확대된 사람과 축소된 사람에 대해 느끼는 감정은 어떻게 다를까?

흔히 "밤은 여성을 아름답게 보이도록 한다."라고 한다. 밤이나 어두운 곳에서는 빛의 양이 적어 눈동자가 커지므로 눈이 빛나게 된다. 따라서 여성은 밤에 더 아름답게 보인다. 여대생들에게 "어떨 때 남성이 가장 매력적으로 보이는가?"라는 질문을 했더니, '일을 하고 있을 때'나 '스포츠로 승부를 다투고 있을 때'라는 대답이 가장 많았다. 어떤 일을 열심히 하느라 정신을 집중하고 있을 때의 모습이 가장 매력적이라는 것이다.

그렇다면 일에 집중하고 있을 때, 눈동자는 어떻게 변화할까?

정신활동과 눈동자의 크기는 서로 관계가 있다. 머리를 써서 집중적으로 사고할 때는 눈동자가 커진다. 이를 증명하기 위해 심리학자 헤스는 수학 문제를 풀고 있는 학생의 눈동자를 카메라로 촬영해서 그 크기를 조사했다. 눈동자는 문제를 생각하는 동안 서서히 확대되다가, 문제를 다 풀었을 때에 가장 크게 확대되었고, 그 뒤로는 급격히 축소됐다. 즉 역U자형 그래프로 나타났다.

사람이 일을 하고 있을 때 매력적으로 보이는 것은 이렇게 커진 눈동자가 빛나기 때문이다. '빛나는 눈동자'는 문학적 표현일 뿐만이 아니라, 실제로 눈동자가 커져서 빛나는 것처럼 보이기 때문이다.

상상한 것 이상의
커뮤니케이션, 시선

창문을 열어야 집이 외부를 향해 열리듯이, 우리도 눈을 맞춰야 다른 사람들을 향해 마음이 열린다. 눈맞춤은 신뢰성에 영향을 끼치고, 감정을 불러일으키고, 자신의 속마음을 알린다. 문화에 따라 받아들이는 방식의 차이는 다소 있지만, 그래도 눈을 마주치는 것은 넌버벌 커뮤니케이션에서 가장 강력한 영향력을 발휘한다.

정보와 눈

정보의 70%는 눈으로 들어온다

사람은 외부로부터의 정보를 먼저 감각기관으로 받아들이고 나서 정보를 분석 처리하고 행동 방침을 결정한다. 정보 가운데 70%가 눈을 통해 들어온다. 정보를 받아들이는 감각의 분야는 흔히 시각, 청각, 촉각, 미각, 후각 이렇게 오감으로 알려져 있는데, 생리학에서는 크게 다음과 같은 3가지로 나뉜다.

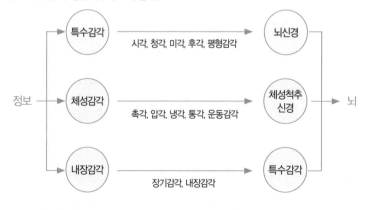

시선은 사람과 사람을 맺어주는 중요한 의사소통의 수단이다. 사람은 넌버벌 커뮤니케이션이 보내는 모든 정보를 눈을 통해 받아들인다. 상대방에게 시선을 주는 것은 말에 의한 전달을 보충해준다. 한 교사의 말에 따르면 학교에서 학생들의 눈을 보면서 가르치면 눈을 보지 않고 가르치는 것보다 이해도가 높아질 뿐 아니라, 그 이해의 지속도도 함께 높아진다고 한다. 이처럼 눈을 잘 활용하면 보다 훌륭한 의사소통이 이루어진다.

보통 사람에게는 상대와 친밀한 관계를 맺고자 하는 '친화의 욕구'가 있다. 그리고 이 친화의 욕구는 상대와 시선을 맞춤으로써 어느 정도는 채워질 수 있다.

"눈은 인간의 내면을 엿볼 수 있는 구멍이다."

이 말처럼 눈의 색깔이나 움직임에서 상대의 다양한 심리동요, 당황함, 진지함 등나 성격을 읽을 수 있다. 반대로 이쪽의 생각이나 의지를 눈을 통해 상대에게 전달할 수도 있다. 때로는 전달하는 것뿐만 아니라 상대를 강요하고 설득하는 것도 가능하다.

눈을 맞추었을 때와 그렇지 않았을 때의 첫 대면에 대한 인상을 조사한 실험에 따르면, 사람들은 눈을 맞춘 상대에 대해서는 대부분 좋은 인상을 갖는다고 한다. 시선을 피하는 상대에 대해서는 누구나 자신이 거부당하고 있다는 불안감을 갖는다. 반대로 시선을 맞추는 상대에 대해서는 자신에 대해 '좋은 인상을 가지고 있다'라고 느끼는 법이다. 따라서 **상대에게 신뢰를 주고 상대를 자신에게 유리한 방향으**

로 심리 유도하고자 할 때, 눈은 상대의 마음을 다루기 위한 키포인트가 된다.

상황에 따라 상대의 눈에 시선을 주면서 말을 하거나, 역으로 눈을 피하면서 말을 하는 등 시선의 '완급'을 조절하는 방법으로 상대의 심리를 컨트롤할 수 있다. 지나치게 오랫동안 상대의 눈을 응시하게 되면 호의가 불쾌감으로 변할 수도 있기 때문에 세심한 주의가 필요하다. 보통 7~8초를 넘지 말아야 한다. 그 이상 쳐다보게 되면 상대는 불쾌감과 함께 '시선 공포'를 느끼게 된다.

- **시선을 마주치는 횟수가 많다** : 상대는 당신에게 호의를 갖고 있으며 사귀기를 원한다.
- **시선을 마주치는 횟수가 적다** : 상대는 당신에게 부정적인 감정을 가지고 있다. 빨리 대화를 끝내기를 원하고 있다.
- **상대를 응시한다** : 상대에게 적대적, 부정적 감정을 가지고 있다. 시선으로 위협을 줘서 발언을 멈추게 하려 한다.

시선의 교차는 인간관계에서 아주 중요한 의미를 갖는다. 그러면 인간은 어떨 때 시선을 서로 맞출까?

심리학자 네프는 시선을 보내는 가장 큰 이유는 상대방의 반응을 보기 위해서라고 설명한다. 교실에서 질문을 받았을 때, 답을 아는 학생은 손을 들면서 동시에 선생님을 바라본다. 질문에 대답하고 싶다는 의사를 전달하기 위해 시선을 마주치려는 것이다. 반대로 질문에 대답하고 싶지 않을 때에는 시선을 아래로 깔아 선생님과 시선을 피한다.

사람은 누구나 호감을 갖고 있는 사람을 의식적으로든 무의식적으로든 자꾸 쳐다보게 된다. 연인끼리는 자주 눈을 마주쳐서 애정을 확인하면서, 사랑의 깊이를 더해 간다.

반대로 적의를 갖고 공격할 때도 상대를 자주 쳐다본다. 이때는 굳은 표정으로 상대를 노려보게 되는데, 상대를 굴복시키겠다는 강한 눈빛 때문에 두 사람 사이에 불꽃이 튀는 느낌이 들 정도다. 예를 들어 경기를 앞둔 권투 선수는 심판의 주의에 아랑곳하지 않고 상대의 눈을 노려본다. 동물도 공격하기 전에 마주 서서 노려보는데, 먼저 눈을 돌리는 쪽이 지게 된다.

일반적으로 시선이 마주치면 곧바로 눈을 돌리기도 하고 그대로 보고 있기도 한다. 상대방의 반응을 본다든지 신호를 보낼 때는 시선이 짧게 교차되고, 상대에게 호감이나 반감을 표현할 때는 꽤 오래 시선을 마주치는 것이 보통이다. 그러나 기본적으로 시선을 마주치는 것은 상대에게 관심과 호감을 가지고 있으며, 더욱더 친한 사이가 되고 싶다는 표시다.

이때 주의할 점은 시선이 7~8초 정도 지속되면 상대가 위협으로 받아들인다는 것이다. 동물도 마찬가지여서 원숭이를 똑바로 계속 쳐다보면 화를 내면서 덤빈다.

여러 가지 실험을 통해 좋아하는 사람과 대화를 나눌 때는 시선을 마주치는 횟수와 시간이 늘어난다는 것이 확인되고 있다. 피험자들에게 그 자리에서 처음 만난 많은 사람 가운데서 자기와 함께 일할 파트너를 선택하게 했더니, 시선이 여러 번 마주친 사람을 선택했다. 곧 시선이 자주 마주친 상대를 '믿음이 가고, 쾌활하고, 쉽게 친할 수 있고, 대화하기 편하다'고 평가했다.

표정을 살리는 시선관리로 몇 가지 테크닉이 있다.

첫째, 상대방과 눈을 마주친다. 상대방과의 시선 연결은 유대를 강화하기 위한 중요한 기술이다. 천정만 바라본다든가, 메모에만 시선을 둔다든가, 이곳저곳 힐끔거리는 것은 상대방을 거부하는 태도로 비칠 수 있다.

둘째, 시선을 골고루 나누어준다. 이야기하면서 한두 명에게만 눈길을 주는 경우가 많다. 시선은 골고루 배분하면서 대화를 나누어야 한다. 또한 대화의 내용과 시선을 통일시켜야 한다. A에 대한 이야기를 하면서 B를 보는 것은 A를 무시하는 태도다.

셋째, 눈동자를 함부로 굴려서는 안 된다. 얼굴이나 몸은 가만히 있고 눈동자만 힐끔힐끔 움직이는 것은 상대방으로 하여금 불쾌한 감정을 갖게 한다.

떠올리는 이미지에 따라
시선의 방향이 달라진다

퀴즈 프로그램에서 출연자가 답을 생각하고 있을 때, 눈동자의 움직임을 살펴보면 재미있는 사실을 알 수 있다. 특히 남성의 경우 '12 × 13은 얼마인가?', '바람풍風 자는 몇 획으로 되어 있는가?'처럼 조금 복잡한 문제가 나오면, 생각하는 동안 눈동자가 한쪽으로 몰리는 경향이 있다.

이때 눈동자가 몰리는 방향TV를 보는 관찰자 입장으로 그 사람의 성격, 흥미, 관심을 파악할 수 있다.

- 눈동자를 오른쪽으로 움직이는 사람(본인은 왼쪽) : 과학과 계산에 뛰어나다. 수면시간이 짧고, 여성과 접촉할 때 방어하는 듯한 자세를 취한다.
- 눈동자를 왼쪽으로 움직이는 사람(본인은 오른쪽) : 고전이나 인문 과학에 뛰어나다. 개방적인 성격으로 음악을 좋아하고 종교에 관심이 많다. 암시에 약해서 최면에 걸리기 쉽다. 알코올 중독에 걸리기 쉽다.

한마디로 남성이 눈동자를 오른쪽으로 움직이면 이과계, 왼쪽으로 움직이면 문과계에 적성이 있다고 하겠다. 여성은 이런 경우에 눈동자가 양쪽으로 왔다 갔다 하므로, 그것만으로는 성격을 파악하기 어렵다.

대화를 나눌 때도 상대방 시선이 가는 방향을 주의 깊게 관찰해보라. 눈동자가 어느 위치에 고정되는가를 보면 그 사람이 지금 무슨 생각을 하는지 알 수 있다. 이것은 '신경 언어학적 프로그래밍'이라고 일컫는 심리 요법 가운데 소개되어 있는 방법으로, 여러 임상 결과를 정리한 것이다.

이 방법에 따라 "지금 당신은 ○○을 생각하고 있지 않습니까?"라고 물었을 때, 정확하게 들어맞아 오히려 묻는 쪽에서 깜짝 놀라는 경우도 있다. 피험자가 과거의 체험을 생각해낸다든가 마음속의 갈등 등을 떠올리면, 그러한 내용이 눈동자의 움직임에 모두 나타난다.

① 과거에 있었던 일을 생각해낼 때다. 피험자의 눈동자는 관찰자가 봤을 때에 오른쪽 위로 눈동자가 고정되는 경우가 많다.
질문 : 어제 어떤 옷을 입었나요?

② 구성 이미지를 떠올릴 때 낯선 장면을 자기 마음대로 구성해보려고 할 때다. 피험자의 눈동자는 관찰자가 봤을 때에 왼쪽 위로 고정된다.
질문 : 다리가 여섯 개인 말이 달리는 모습을 상상해보십시오?

③ 청각 이미지를 떠올릴 때다. 피험자의 눈동자가 관찰자가 봤을 때

에 오른쪽 밑으로 고정된다.

질문 : 초등학교 때 교가의 곡조를 전부 생각해보십시오?

④ 운동 감각 이미지를 떠올릴 때다. 피험자의 눈동자가 관찰자가 봤을 때에 왼쪽 밑으로 고정된다.

질문 : 마라톤 구간을 뛰면서 괴로웠던 느낌을 생각해보십시오?

이 밖에도 초점 없이 눈동자가 열려 있을 때는 전에 본 적이 있는 광경을 떠올릴 때다. 또한 눈동자가 오른쪽이나 왼쪽, 곧 수평으로 움직일 때는 어떤 소리를 듣고 그 소리가 나는 곳을 알아내려 할 때다.

지금까지 시선의 방향을 오른손잡이를 기준으로 설명했으나, 사람에 따라서는 독특한 방향으로 움직이기도 한다. 또한 **질문에 대해 여러 이미지를 동시에 떠올리는 경우도 있으므로 눈동자의 위치만으로 상대의 생각을 정확하게 알아맞히기는 쉽지 않다.** 예를 들면 초등학교 교가의 곡조_{청각 이미지}를 생각해내다가, 스승의 얼굴이나 교실의 모습_{상기 이미지}을 생각할 수도 있는 것이다. 따라서 신경 언어학적 프로그래밍은 인간 심리의 일반적인 경향을 연구해서 응용한 방법이라고 할 수 있다.

남녀 시선의
미묘한 차이

여성의 시선을 읽을 때도 '시선의 교차가 많다면 호의를 느낀다는 증거'라는 원리에는 변함이 없다. 그리고 시선의 교차에 그 밖의 여러 의미도 있다는 것을 알아두면, 남녀 사이의 오해가 많이 줄어들 것이다. 이성에게 호의를 느껴서가 아니라, 자주 시선을 보내는 습관을 가진 사람도 있기 때문이다. 일반적으로 친화 욕구, 지배 욕구, 타인 지향 욕구 등이 강한 사람은 다른 사람과 시선을 자주 마주치는 경향이 있다.

'친화 욕구'는 다른 사람과 함께 있기를 원하는 욕구며, '지배 욕구'는 다른 사람을 지배하고자 하는 욕구, 그리고 '타인 지향 욕구'는 다른 사람과 원만하게 적응해나가고 싶어 하는 욕구를 말한다. 일반적으로 여성은 친화 욕구와 타인 지향 욕구가 강하다. 그러다보니 다른 사람과 좋은 관계를 유지하기 위해서는 상대의 말을 잘 들어주어야 한다는 생각으로 다른 사람과 시선을 자주 마주치는 여성도 있다.

시선이 적대감이나 위협의 의미로 받아들여지는 경우도 많다. 특히 7~8초 이상 응시할 경우에 그렇다. 그러나 같은 응시라도 남녀 사이라면 의미가 조금 달라진다. 영화에서 러브신에 들어가기 전에 남녀 배우가 서로를 응시하며 분위기를 고조시키는 장면이 꼭 나오는 것에서도 알 수 있듯이, 시선 교차는 연애 감정을 나타내고 이를 상승시키기까지 한다.

이때 남녀의 시선 교차에는 미묘한 차이가 있다. **시선의 움직임을 관찰해보면 상대에게 호의를 가질 때 남성은 상대의 말을 들으면서 상대의 눈을 응시하고, 여성은 말하면서 상대의 눈을 응시한다.**

사무실에서 "아이 피곤해." 하면서 하던 일을 멈추고 얼굴을 들면 문득 눈이 마주치는 사람이 있다. 의식해서 그러는 것도 아닌데 자주 눈이 마주친다든지, 몸짓이 일치하는 사람도 있다. 그렇다면 그 사람은 당신에게 관심이 있다고 생각해도 무방하다. 그럴 때 목례를 건네고 미소를 짓기만 해도 그 사람과 당신의 관계는 빠르게 발전할 것이다.

서로를 이해할 수 있게 하는 비결은 다음과 같다.

- **자세나 동작을 서로 일치시킨다** : 상대가 한 손을 호주머니에 넣으면 당신도 그렇게 하라.
- **말의 속도를 서로 맞춘다** : 상대가 느릿하게 천천히 말하면 당신도 그런 속도로 말하라.
- **키워드를 서로 맞춰라** : 상대가 어떤 특정한 말을 자주 사용하는 경향이 있으면 당신도 그 말을 자주 사용하라. 예를 들면 상대가 "그 제안은 서로를 위해 대단히 플러스가 된다고 생각합니다."라고 말하면, 당신도 대화에서 "그 제안은 서로를 위해 대단히 플러스가 된다고 생각합니다."라고 되풀이해서 말하라.

외모는
토털 이미지다

호감이 점점 사랑으로 바뀌어 갈 때, "A를 좋아한다."와 "A를 사랑한다."라는 말은 그 의미가 전혀 다르다. 심리학자 루빈은 호감은 '호의적 경향', '존경적 경향', '유사적 경향' 세 요소로 구성되어 있다고 주장했다. 그리고 연애는 '친화 의존 욕구', '원조 경향', '배타적 경향' 세 요소로 구성된다고 말하면서 다음과 같이 구별하고 있다.

"남성은 오래도록 친하게 지내온 여성에 대해서 우정이 애정으로 바뀌는 수가 있다."

"여성은 우정과 애정을 별개로 생각하므로, 그를 존경은 하지만 사랑하지는 않는다."

남녀관계에서 이것은 상당히 수긍이 가는 말이다. 심리학자 루빈의 실험에서 연인을 고를 때와 친구를 고를 때의 선택 방법이 다르다는 것이 밝혀졌다. 즉 연인을 고를 때는 남녀 모두 평균적으로 외모를 중시한다. 남성은 미인이거나 예쁜 여성을 이상형으로 보고, 여성은 키 큰 남성을 이상형으로 한다.

그러나 우리는 자신이 가지는 미모의 한계를 잘 알고 있으므로 미모의 정도가 자기와 비슷한 사람 가운데서 상대를 고른다. 이것을 소위 심리학에서는 '짝짓기 가설Matching Hypothesis'이라고 한다. "끼리끼리 논다." "가재는 게 편이다."라는 속담도 있듯이, 남성은 아무리 그녀가 마음에 든다 해도 '나에게는 버거운 존재'라는 생각이 드는 사람에게는 접근을 꺼린다.

여성은 연애와 우정을 확실히 구별한다

일반적으로 외모가 뛰어난 사람이 호감을 사기 쉽다고 알고 있다. 그러나 이것은 증명된 사실일까?

외모와 호감의 관계에 대해 간단한 실험을 해보자. 7살의 A와 B라는 두 아이가 얼음조각을 넣은 눈뭉치를 다른 아이들에게 던져 피가 날 정도의 상처를 입혔다는 이야기를 피험자에게 들려준다. 그런데 A는 매력적이고 귀여운 아이지만 B는 외모적으로 매력이 없는 아이이다.

각각 A와 B의 사진을 피험자에게 보여주고 이런 질문을 던졌다.

"이 아이가 다시 이런 일을 저지를 가능성이 얼마나 되겠습니까?"

결과는 A보다 B에 그 가능성이 더 높다고 답하는 사람이 많은 것으로 나타났다. 피험자들이 귀여운 아이에 대해서는 '원래 성격이 좋은 아이인데 실수로 이런 일을 저질렀겠지. 다음에는 그렇지 않을 거야'라고 판단했다.

본래 사람들은 어떤 사람의 특정한 행동의 원인을 따질 때, '그 사람 자신성격'에 있는가 아니면 '그때의 주위 상황'에 있는가 하는 두 가지 측면에서 생각한다.

이 경우에는 귀여운 아이에 대해 호감을 품었기 때문에 잘못된 행동의 원인이 그 아이의 성격이나 소질에 있는 것이 아니라, 주위의 상황이나 조건에 의해 돌발적으로 일어난 사고라고 생각한 것이다. 앞으로는 그러지 않을 것이라고 판단하게 된다. B라는 아이의 경우에는 정반대 효과가 나타난다.

결국 외모가 매력적이라는 사실은 사람들의 호감을 불러일으킬 뿐 아니라 외모와 전혀 관계가 없는 특성여기에서는 폭력적 행위**마저 긍정적인 시각에서 바라보게 만든다.**

심리학자 월스터는 매력적인 외모가 연인 선택에 큰 효과를 가진다는 사실을 밝히기 위해 대학 신입생을 대상으로 몇 가지 실험을 실시했다. 신입생 환영 파티에 만난 매력적인 외모의 파트너에게 호감을 가지게 되면 데이트 초대 횟수가 많아진다. "그에게 애인이 있을까?"

하는 의문에 하나의 힌트를 주는 것이 있다. 소위 외모가 준수한 남성이나 여성에게 애인이 있을 가능성이 높다는 것이다.

그러나 연애가 아니라 결혼의 경우는 어떨까?

이 질문에는 심리학자 마스터인의 'SVR 이론'이 큰 힌트를 준다. SVR 이론에서는 연애의 초기를 '자극 단계', 그다음을 '가치 단계', 마지막을 '역할 단계'라고 한다. 처음에는 상대를 보면 가슴이 두근거리고 '아름답다'라는 느낌으로 호감을 가지게 된다. 즉 첫 대면에서는 외모의 매력이 중요하지만, 그다음은 비슷한 가치관, 마지막에는 자신들이 가지는 역할이 중요하다는 것이다.

즉 결혼생활에서는 매일 마주 대하는 남편이나 아내가 미남이냐 미녀이냐 하는 것보다는 서로 같은 가치관을 가지고 자기 역할을 다해내느냐 하는 것이 더 중요하다. 자녀를 가진 부부가 서로를 "누구누구 아빠." "누구누구 엄마."라고 부르는 것이 그 예가 된다. 즉 내 아이의 엄마나 아빠가 될 사람을 찾는 것이다.

그러면 연애나 결혼은 얼굴에 어떻게 나타나는가?

가슴이 두근거리는 연애의 초기 단계에서는 얼굴 표정이 매우 활발히 움직인다. 남성은 미인을 보면 눈동자가 평소보다 20% 정도 확대되는데, 특히 연애할 때는 이렇게 크게 뜬 눈으로 상대의 얼굴 표정을 하나도 놓치지 않으려 한다.

이쪽에서 반대편을 볼 수 있으나 반대편에서는 이쪽을 볼 수 없는 '일방 투명경投明鏡'이 달린 방에서 연애 중인 남녀가 대화를 나눌 때,

서로의 시선이 어느 쪽으로 향하고 있는가를 관찰한 심리학 실험이 있다. 서로를 잠자코 마주 쳐다보는 시선 교차시간이 전체 대화시간의 30~60% 정도 된다는 결과가 나왔다.

사이토의 실험에서도 상대가 자기에게 관심이 있음을 눈치챘을 때는 대화시간의 53%, 즉 1분에 32초간의 시선 교차가 있었다. 이처럼 연애 중인 남녀는 과장하면 상대의 얼굴에 구멍이 뚫릴 정도로 서로 얼굴을 마주 쳐다본다. 연애 중인 커플의 표정은 언제나 밝은 것을 볼 수 있는데, 가령 맞은편에 앉아 있는 사람이 연인이 아닐지라도 그의 표정은 환하게 빛나고 있으면 그가 지금 한창 연애 중이라는 것을 눈치채게 한다.

외모가
신용과 설득력으로 이어진다

표정 연구의 권위자 에크먼은 1975년 동서양 4개국에서 실시한 기쁜 표정, 슬픈 표정 등 6가지 기본 감정에 대한 조사에서 이런 결과를 얻을 수 있었다.

즉 행복, 혐오, 놀람, 슬픔, 분노, 공포를 각각 나타내는 6장의 표정 사진이 이들 4개국에서 각각 동일한 감정을 표현하는 것이라고 판단되는 확률이 아주 높았다. 어느 나라, 어떤 연령에도 구애됨이 없이 좋아하는 사람을 보고 기쁜 감정을 가지게 되면 눈동자는 확대되고 얼굴의 표정근은 활발하게 움직인다는 것을 알 수 있다.

한편 결혼한 사람은 연애의 첫 단계인 자극 단계를 지나, 가치 단계 그리고 역할 단계에 이르는 것이어서 눈을 크게 확대하기보다는 온화한 미소를 띠고, 부드러운 시선 교차를 나누는 등 매우 안정된 표정을 짓는다.

심리학자 다이온과 월스터는 외모와 호감의 관계에 대해 보다 구체적인 실험을 했다. 이 실험에서 피험자들에게 신체적으로 매력적이거나, 매력이 없거나, 보통인 3가지 타입의 인물들에 대한 사진을 제시했다. 그리고 각 인물의 외모와는 전혀 관련이 없는 몇 개의 특성들에 대해 평가하고 평점을 매기도록 했다.

결과는 거의 모든 특징들에 대해서 매력적인 사람들은 가장 높은 평점을 받았고 매력이 없는 사람들은 가장 낮은 평점을 받았다. 즉 어떤 사람이 잘 생겼다는 단 한 가지의 긍정적인 특성을 가졌다는 이유만으로도, 그 사람은 다른 긍정적인 특성들까지 가진 것으로 지각된 것이다.

이렇게 신체적인 매력이나 미모에 혜택을 받은 사람은 그렇지 않은 사람보다도 사회적 평가가 높은 경향이 있다. 특히 상대의 능력이나 내면을 아는 방법이 없는 초대면에서는 겉으로 보이는 매력이나 미모가 그 사람에 대한 호감 여부를 규정하는 잣대가 된다. 즉 '외모'가 신용과 설득력으로 이어지게 된다.

그래서 협상테이블에 임하거나 세일즈에 나설 때는 단정한 복장, 바른 자세, 침착한 태도, 친화적인 표정, 유연한 미소 등등의 외모를 미리부터 연출하는 마음이 필요하다.

외모란 단순히 얼굴을 포함한 신체적인 아름다움만이 아니라 표정, 태도, 행동 등을 포함한 토털 이미지이기 때문이다.

다른 사람들에게 자기의 좋은 인상을 제공하려는 대인관계상의 전략을 인상관리라고 부른다. 연구 결과들을 보면, 이미지를 바꿈으로써 인상이 크게 바뀌는 것을 알 수 있다. 그 효과는 동성에서보다 이성에 대해서 현저했다. 왜냐하면 자신과 같은 성의 경우는 자신과 비교 검증할 수 있지만, 이성인 경우에는 상대와 비교할 없기 때문이다. 그래서 아무래도 이성에 대한 판단은 겉모습으로밖에 할 수 없다.

예를 들면 평상시라면 스커트밖에 몸에 걸치지 않는 그녀가 갑자기 청바지차림으로 나타났을 때, 몹시 신선하고 산뜻한 감정이 표출된다. 그래서 그녀에 대해 가졌던 기존의 이미지와는 다른 좋은 인상을 가지게 된다. 외모뿐만 아니라, 비언어적 커뮤니케이션에서도 좋은 이미지를 다른 사람에게 주면 좋은 인상을 남기게 된다.

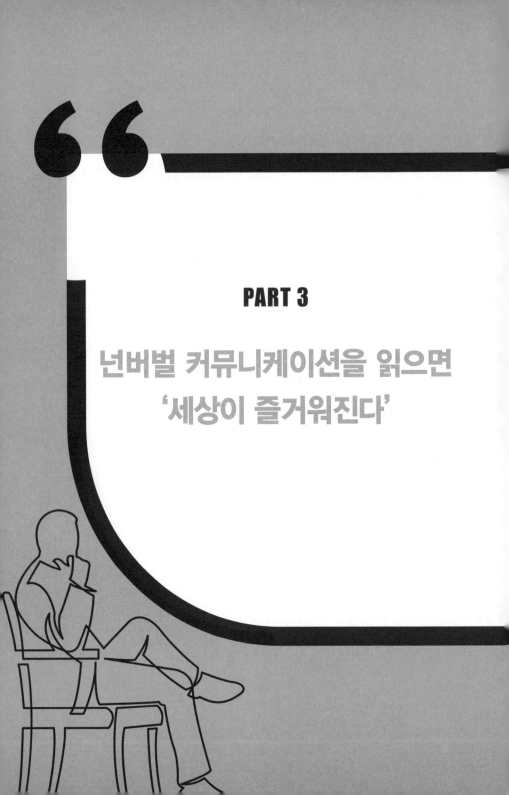

PART 3

넌버벌 커뮤니케이션을 읽으면 '세상이 즐거워진다'

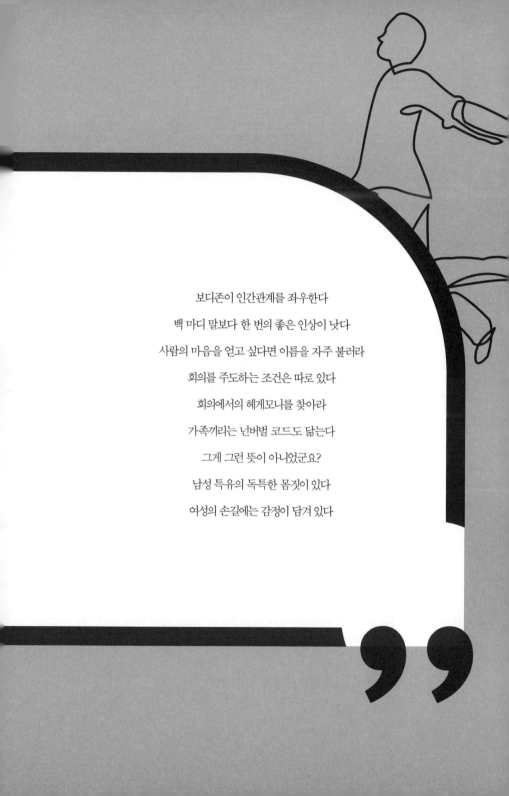

보디존이 인간관계를 좌우한다

백 마디 말보다 한 번의 좋은 인상이 낫다

사람의 마음을 얻고 싶다면 이름을 자주 불러라

회의를 주도하는 조건은 따로 있다

회의에서의 헤게모니를 찾아라

가족끼리는 넌버벌 코드도 닮는다

그게 그런 뜻이 아니었군요?

남성 특유의 독특한 몸짓이 있다

여성의 손길에는 감정이 담겨 있다

보디존이
인간관계를
좌우한다

보디존Body Zone이란 다른 사람의 침입을 저지하는, 몸을 둘러싸고 있는 보이지 않는 공간으로 '자신의 연장'이라고 할 수 있다. 즉 자신이 언제나 가지고 다니는 '세력 공간'이다.

이 보디존은 남성보다 여성이 좁고, 아이보다 어른이 넓으며 내향적인 사람은 외향적인 사람에 비해 보디존이 넓다. 또한 보디존은 상대와의 관계에 따라 늘어나기도 하고 줄어들기도 한다. 일반적으로 친한 사람에 대한 보디존은 좁아지고, 신경이 쓰이거나 껄끄러운 상대에 대해서는 확대된다. 같은 상대라고 하더라도 이야기의 성질에 따라 보디존이 달라지기도 한다. 즐거운 화제라면 가까운 거리에서 이야기를 나눌 수 있지만 거절을 할 때는 자연히 멀어진다.

이 법칙을 이용하면 상대방과 자신과의 친밀도 정도를 파악하고 이에 따라 대응 전략을 세울 수 있다. 좌석이 미리 정해져 있지 않은 회의 같은 경우는 정해진 시간보다 먼저 도착해 뒤에 오는 사람들을 기다린다. 친했지만 최근에는 자주 만나지 않는 사람이 멀리 떨어져서 앉거나 뜻밖의 인물이 가까이 다가와 옆자리에 앉는 등 다양한 상황이 발생한다.

보디존으로 드러나는
대인 감정

상대에게 호감을 주는 사람이 있는가 하면 혐오감을 주는 사람이 있다. 또 존경하고 싶은 사람이 있는가 하면 두려운 생각이 드는 사람도 있다. 이처럼 우리는 주위 사람들에게 각기 다른 여러 가지 대인 감정을 갖는다. 대인 감정은 만남과 동시에 생기며 잘 알게 될수록 더욱 확고해진다. "한눈에 반했다."는 말처럼 상대에 대해 잘 알지 못해도 강한 호감을 느끼는 경우도 있고, 단 한 번의 만남으로 두려움이나 혐오감 같은 부정적인 감정이 생기기도 한다.

이러한 대인 감정은 한 번 형성되면, 그 사람과의 관계에 크게 영향을 끼친다. 좋아하는 사람에 대한 행동과 싫어하는 사람에 대한 행동이 전혀 달라진다. 좋아하는 사람이 곤경에 빠지면 자기를 희생해서라도 도움을 주려 하지만, 싫어하는 사람이 어려움에 처하면 그런 생각을 갖지 않을 뿐만 아니라 오히려 내심 만족스러운 미소를 지을 수도 있다.

대인 감정의 원형 도식

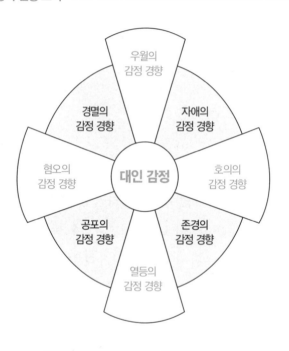

같은 내용의 조언이라도 존경하는 사람에게 들으면 크게 감격해서 충실히 따르려 하지만, 경멸하는 사람에게 들으면 오히려 불쾌하게 느낀다. 이처럼 어떤 상대에 대해 가지게 되는 대인 감정은 그 상대

의 행동을 받아들일 때나 상대에게 행동을 취할 때 모두 크게 영향을
준다.

우리가 갖는 대인 감정에는 어떤 것이 있을까?

심리학자 사이토는 기본적인 대인 감정과 그것들의 관계를 '대인 감
정의 원형 도식'이라는 도표로 나타냈다. 대인 감정의 기본은 호오好惡
감정과 우열優劣 감정이다. 그 가운데 호오 감정이 더 중요하지만, 우
리나라처럼 상하관계가 확실한 사회에서는 우열 감정도 호오 감정과
마찬가지로 중요성을 갖는다.

호오와 우열이라는 두 가지 기본 감정을 각각 조합하면, 도표에서처
럼 네 개의 대인 감정이 생긴다. 모두가 체험을 통해 이미 잘 알고 있
는 감정이다. 여기에 네 개를 더한 여덟 개가 대표적인 대인 감정이라
고 할 수 있다. **일반적으로 호감을 느끼는 상대에게는 친화적, 원조
적, 의존적 행동을 취하지만 혐오를 느끼는 상대에게는 공격적, 거부
적, 회피적 행동을 취한다.**

윗사람이 아랫사람을 대할 때 나타나는 자애自愛 감정을 예로 들어보
자. 아이나 후배를 귀여워하고 기특하게 생각할 때 나타나는 자애 감
정은 호의와 우월이 조합된 감정으로 양자의 중간에 위치한다. 따라
서 우월 감정에서 발생하는 행동과 호의 감정에서 발생하는 행동, 곧
감싸주고 껴안아주는 행동이 같이 나타난다. 존경, 공포, 경멸의 대인
감정도 마찬가지로 호오와 우월 감정의 중간에 위치한다.

상대와의 거리가
마음의 거리를 만든다

　사람들은 호감이 가는 사람에게 의식적이든 무의식적이든 가까이 다가가고 싶어 한다. 자리가 고정되어 접근할 수 없으면 눈으로라도 상대를 따라잡으려 한다. 상대도 호감을 가지고 있다면 자주 시선이 마주치게 되는데, 그것은 두 사람 사이의 간격을 좁히려는 신호다. 그러다보니 자기도 모르는 사이에 몸이 점점 상대에게 기운다.

　사람과 사람이 가까워지는 가장 좋은 방법은 직접 몸으로 접촉하는 것이다. 손을 잡거나 어깨를 두드리고 포옹함으로써 사랑의 감정을 확인할 수 있다. 상대에게 직접적인 접촉을 허용한다는 것은 강한 호감을 가지고 있음을 나타낸다. 갑자기 포옹하면 처음에는 놀라서 몸을 빼려 하지만, 호감을 느끼던 사람에게는 모르는 체 몸을 맡겨 버린다. 반대로 싫어하는 사람과는 될 수 있는 대로 거리를 두려고 한다. 어쩔 수 없이 몸이 닿게 된 상황에서는 어떻게든 몸을 돌려 접촉을 피하려 한다.

　호감이 가지 않는 사람이나 모르는 사람과 가까이 있게 된 경우에는 어떻게 하면 좋을까?

　이런 경우에는 무엇보다도 시선을 마주치지 말아야 한다. 출근길 버스나 지하철에서 모르는 사람과 코가 마주 닿을 정도로 아주 가까이 서게 되는 경우가 많다. 이런 때 몸을 옆으로 돌리거나 창밖을 보는 것은 바로 시선을 피하기 위해서다.

특히 남녀 사이에서는 상대와의 거리가 큰 의미를 갖는다. 어느 정도 가까이 있는가 하는 것이 서로에 대한 호감이나 애정의 정도를 말해주기 때문이다. 심리학자 홀은 남녀 사이 거리를 다음과 같이 여덟 가지로 구분했다.

- 0~15cm(말이 필요 없는 거리) : 밀착해서 서로 애무하거나 직접 상대편의 체온을 느낄 수 있는, 더 이상 말이 필요 없는 거리다.

- 15~45cm(부부, 연인의 거리) : 손을 뻗으면 상대에게 닿을 수 있고, 같이 춤을 추거나 친밀한 대화를 나눌 수 있는 거리다. 연인이나 부부 사이의 거리로 제삼자가 끼어들 수 있는 여지가 없다.

- 45~75cm(관계를 의심받는 거리) : 간단히 상대편과 닿을 수 있는 거리다. 부부나 연인이라면 자연스럽지만 그렇지 않은 사이라며 불쾌감이나 긴장감을 느끼게 하는 야릇한 거리다.

- 75~120cm(친구 사이의 거리) : 서로가 손을 뻗으면 닿을 수 있는 거리다. 이보다 더 떨어지면 공적이고 형식적인 의사소통밖에 되지 않는다.

- 120~210cm(사교상의 거리) : 몸이 닿지 않고 표정 변화도 볼 수 없는 거리다. 사교 모임에서 접대할 때나 비서가 손님을 맞이할 때, 처음 만난 사람과 업무에 관한 이야기를 할 때의 거리다.

- 210~360cm(일방적 전달 거리) : 다른 사람에 대해 신경 쓰지 않고 자

기 일을 할 수 있고, 남에게 폐가 되지 않는 거리다. 높은 사람의 집무실에 큰 탁자를 두는 이유는 이 거리를 확보하기 위해서다.

- 360~750cm(도망갈 수 있는 거리) : 사적인 관계가 성립되기 어렵고 마음대로 빠져나올 수 있는 거리다. 상대에게서 도망치고 싶을 때에는 이 정도의 거리를 유지해야 한다.
- 750cm 이상(강연이나 연설의 거리) : 강연이나 연설할 때의 거리로, 몸짓이나 자세 등을 통한 커뮤니케이션이 중요한 의미를 가진다. 중요한 인물의 주위에는 자연스럽게 이런 공간이 생긴다.

사람들은 무의식적으로 8가지 대인 거리를 놀라울 만큼 적절히 적용한다.

예를 들어 여사원이 상사와 너무 가까운 거리에서 대화를 나누면 그들의 관계를 의심하고, 또 동료들과 상당한 거리를 두고 대화를 나누면 '냉담한 사람'이라는 평을 듣는다.

미국의 심리학자 페스팅거는 거주지와 친구관계의 성립에 관하여 흥미 있는 조사했다. 신학기에 기혼자 학생 아파트에 입주한 학생들을 대상으로 친구관계의 발전을 조사했다. 그 결과, 친구관계의 성립에는 물리적 요인이 큰 비중을 차지한다는 것을 알 수 있었다.

요인들 중 중요한 것은 다음 3가지였다.

① 거주지 사이의 물리적 거리

② 현관이 향하고 있는 방향

③ 업무로 서로 만날 가능성

①의 거주지 사이의 물리적 거리에서 보면 약 7m 이내에 거주하는 사람들끼리 친구가 되기 쉽고, 30m 이상 떨어지면 친구가 되기 힘들다.

②의 현관의 방향에 관해서 보면 집 사이의 거리가 가까워져도 현관의 방향이 달라 얼굴을 마주하는 기회가 적으면 친구가 되기가 힘들다. 특히 현관이 바깥 도로에 접하고 있으면 친구 수가 적다는 것을 알 수 있다.

③의 업무로 서로 만날 가능성에서 보면 집 앞에 우편함이 있는 사람과는 친구가 되기 쉽다. 즉 우편물을 가지러 갈 때 얼굴을 마주칠 기회가 많다는 것이다.

이들 3가지 요인은 모두 서로 얼마나 자주 얼굴을 마주치느냐 하는 것과 관계가 있다. 즉 친구관계의 성립 조건으로서 대면 빈도가 아주 중요하다는 것이다.

인간관계를 심리적 보수와 비용_{부담}**의 관계에서 보면 가장 가까이에 있는 사람에게 말을 건네는 것이 부담이 제일 적다. 부담이 안 되므로 행동으로 옮기기도 쉽다.** 학교 같은 데서 친구로 맺어지는 계기도 거리의 영향을 크게 받는다. 연필과 지우개 같은 것을 부담 없이 빌릴 수 있는 사람은 옆자리 친구다. 수업이 시작되기 전, 어제의 텔레비전 프로에 관하여 이야기를 나눌 수 있는 상대도 역시 옆 친구다. 멀리 떨어져 있는 사람에게 연필을 빌리거나 말을 걸려면 큰소리를 내야 하거나 이동해야 한다. 게다가 옆 사람을 제치고 떨어져 있는 사람과 일상사에 관하여 이야기를 나누는 것은 좀 부자연스럽다. '무슨 의도가 있는 게 아니냐'는 의심을 낳게 한다.

일상적인 대화는 옆 사람과 가장 자연스럽게 나눌 수 있고, 그렇게 되면 서로의 마음을 열게 되어 우정이 싹튼다. 연애도 마찬가지다. 가까이 있는 사람끼리가 서로 마음이 통하게 되고 장점도 발견하기 쉽다. 상대와의 관계나 상황에 어울리는 거리를 적절히 이용하면 복잡한 인간관계도 원만하게 풀 수 있다.

백 마디 말보다
한 번의
좋은 인상이 낫다

대통령 입후보자들은 3S를 지키지 않으면 패배한다는 말이 있다. 3S
란 악수Shake Hands, 미소Smile, 사인Sign을 말한다. 어떤 정치가의 회고록
에는 "당선은 되었지만 그 후유증이 너무 심했다. 턱이 아파 음식을
잘 씹을 수 없었고, 손은 퉁퉁 부어올랐고, 손가락은 염증이 생겨 얼
마 동안 물건을 집거나 글씨를 쓸 수도 없었다."라고 쓰여 있다.

악수, 미소, 사인에 의한 친근감 효과를 3S 효과라고 부른다. 이중에
서도 웃는 표정은 인간관계에서 빼놓을 수 없는 넌버벌 커뮤니케이션
이다.

3S로
연출하라

악수는 앵글로 색슨계 민족 사이에서 자연 발생적으로 생긴 관습이었다. 중세의 기사들은 검에 '손을 대지 않는다'는 신호를 주기 위해 서로 오른손을 내밀었다는 이야기도 있다. 즉 악수는 원래 공격할 생각이 없다는 뜻을 상대에게 전하는 행동이었다. 오른손은 무기를 잡는 손이고, 왼손은 가슴을 보호하는 손이다. 그들은 서로의 팔뚝을 꽉 움켜쥐어서 어느 쪽도 상대를 공격하지 못하게 했다. 중세의 기사들은 팔뚝을 잡는 관습을 바꿔서 손을 붙잡았고, 그 뒤에는 손을 흔드는 것으로 바뀌었다. 손을 흔들게 된 까닭은 일부 기사들이 소매에 무기를 숨겼기 때문이다. 손을 위아래로 흔들면 땅에 떨어지기 때문이다. 그러나 오늘날 정치가나 연예인의 악수에는 더욱 정동적情動的인 의미가 포함되어 있다.

A라는 인물을 다음과 같은 3가지 조건에서 다른 사람과 만나게 하고는 만난 사람들로 하여금 A에 대한 인상을 평가하게 했다.

첫째 조건, 눈을 가리고 말은 하지 않고 악수만 하는 것이었다. 그 결과 A는 "따뜻하고, 신뢰할 수 있고, 어른답고, 감각이 예민하다."라고 평가되었다. 48%가 "그를 다시 만나고 싶다."라는 평을 얻었다.

둘째 조건, 이야기도 악수도 하지 않고 보기만 하는 것이었다. 이때 A는 "차갑고, 건방지고, 어른스럽지 못하다."라는 평가를 받았다.

셋째 조건, 눈을 가리고 악수를 하지 않고 말만 건네는 것이었다. 이때 A는 "거리감이 있고, 무감동적이며, 형식적이다."라는 평가를 받았다.

이처럼 악수라는 피부 접촉은 상대방에게 따뜻함과 신뢰감을 전할 수 있으므로 정치가의 악수 공세는 매우 효과가 있다.

'미소'는 행복한 기분을 나타내는 가장 전형적인 표정이다. '소문만 복래笑門萬福來'라는 말도 있지만, 웃는 얼굴에는 높은 평가가 주어진다. 또 미소는 긴장감을 해소시키는 작용을 한다. **사람의 외모 가운데 가장 호감을 가지게 하는 것은 얼굴 모양이다. 그러나 그보다 더 호감을 가지게 하는 것은 미소다. 미소는 친절과 배려를 나타내는 사인이 된다.** 초면이지만 미소로 대하는 사람에게는 부담 없이 말을 걸 수 있다. 미소는 넌버벌 커뮤니케이션의 한 수단이지만, 언어를 초월하는 그 이상의 힘을 발휘한다.

그런데 웃는 얼굴, 온화한 얼굴이 인간관계의 윤활유가 된다. 그럼에도 불구하고 밝은 표정을 잘 짓지 않는 이유는 무엇일까?

아마도 윗사람, 힘 있는 사람은 아랫사람에게 웃는 얼굴을 보이면 자기 권위가 떨어지는 것으로 잘못 생각하고 있기 때문일 것이다. 누구에게나 미소를 보이기 위해서는 동정심을 가져야 한다. 상대를 이해하고 그에게 도움을 주려 하면 자연히 환한 표정을 짓게 된다.

'사인'에는 그 사람의 존재감이 구체적으로 표현된다. 사랑하는 사람이나 존경하는 사람으로부터 자필 편지를 받았을 때의 감동과 비슷하다. 직접 그 사람에게서 받은 사인에는 그 사람의 호흡이 느껴진다. 3S는 정치인뿐만 아니라 가수나 탤런트들도 자주 이용한다. 인기가수가 콘서트에서 팬들과 악수를 하거나 사인을 해주면서, 활짝 웃는 얼굴로 대하는 것은 말할 것도 없다.

인상관리가
곧 자기관리다

다른 사람의 눈에 비쳐진 당신의 인상은 당신이 평소에 그리는 것과는 아주 다르다. 다른 사람에게 좋은 인상을 주기 위해 바람직한 방향으로 자기를 연출하는 것을 '인상관리'라고 한다. 예를 들면 데이트에 나가기 전에 입고 나갈 옷을 고른다든지, 머리를 매만진다든가 하여 자기를 어떻게 나타내 보일까 하는 것을 결정한다.

우리는 패션만이 아니라 목소리, 말 씀씀이, 동작, 행동 패턴 등을 통하여 무의식중에 늘 인상관리를 한다. 친구들끼리는 큰소리로 떠들고 웃던 여자가 초면인 남자 앞에서는 모기 우는 소리를 내는 것도 차분한 여자로 보이기 위한 인상관리의 한 연출이다. 상무 앞에서는 숨을 죽이고 말 한마디 못하던 부장이 부하에게는 고압적인 태도로 나오는 것도, 회사라는 조직에서 힘 있는 부장이라는 이미지를 심으려는 인상관리다. "나에게 이런 일면도 있습니다."라고 상대에게 자기를 제시하는 것이다. 인상관리는 자기의 CM_{Commercial Message}이라고 할 수 있다.

대통령 선거전을 텔레비전에서 보면 입후보자는 자기의 인상관리에 굉장히 신경을 쓴다. 주먹을 흔든다거나 손짓하는 등, 좀 지나치다고 할 만한 액션을 계속한다. 사실은 어떻게 보이면 청중의 지지를 얻고 대통령에게 어울리게 보이는가를 전문으로 담당하는 스태프의 결정이 그런 포즈를 하게 한다. 무엇을 할 것인가보다, 어떻게 보이는가에 더 비중을 둔다.

하지만 텔레비전이 지지율에 크게 영향을 주는 이상 어쩔 수 없다. 배우나 탤런트는 자기의 인상관리에 매우 신경을 쓴다. 시청자는 탤런트가 실제로 어떤 인물인가는 상관없이, 브라운관에 표현된 영상이 탤런트의 인기를 결정짓는다.

상대에게 좋은 인상을 주는 데는 다음과 같은 방법이 있다.

먼저 '복장'이다. 당신이 좋아하는 사람이 좀처럼 당신에게 관심을 보이지 않을 때는 복장의 이미지를 바꾸어보라. 그러면 그는 당신에 대한 이미지를 크게 바꿀 것이다. '그 사람에게 그런 매력이 있었나' 하는 신선한 놀람을 느낄 것이다.

그다음은 '말하는 방법'이다. 어두운 인상은 말하는 방법이 원인이 되는 수가 많다. 자신을 가지고 확실하게 말하라. 상대에게서 질문을 받고 애매한 대답밖에 하지 않으면 상대를 혼란스럽게 한다. 즉 될 수 있는 대로 솔직하게 대답하라는 것이다. 이것만으로도 당신에 대한 인상은 훨씬 좋아진다.

"솔직하게 말하라,"는 말의 의미는 큰소리로 말을 많이 하라는 것으로 오해하는 사람이 있는데, 전혀 그럴 필요는 없다. 다른 사람의 말에 귀를 기울이고, 질문을 받았을 때는 자기 의견을 확실히 대답하는 것이 더 중요하다.

마지막으로 '구체적인 행동'이다. 귀찮다고 생각하지 말고 몸을 움직여라. 무슨 일이 있을 때는 꾸물대거나 다른 사람에게 부탁하지 말고 직접 뛰라는 것이다. 언제나 몸을 가볍게 움직이는 사람은 상대에게 좋은 인상을 준다.

인상관리에 뛰어난 사람은 상대가 요구하는 것을 재빨리 파악하여, 그의 요구를 충족시켜주기 위해 바로 행동하는 사람이다.

첫인상만큼 중요한 마지막 인상

누군가를 반드시 설득하려 한다면 상대와 마주하고 있을 때만큼 자주 상대를 방문하고 떠날 때도 신경을 써야 한다. 가끔 텔레비전에 정치인이 기자 회견을 끝내고 회견장을 떠나는 장면이 방영되는 경우가 있다. 이때 회견할 때와는 다르게 피로하고 지친 듯한 표정으로 회견장으로 떠나는 뒷모습을 보게 되는 경우가 있다. 그러면 우리에게 남는 것은 자신 있게 이야기하던 회견 모습이 아닌 지치고 피곤해 보이는 뒷모습뿐이다.

따라서 마지막까지 상대의 시선을 의식해야 한다. **떠나는 모습을 잘 관리하면, 상대에게 끝까지 흐트러지지 않는 강한 인상을 줄 수 있다. 끝까지 최선을 다하는 '떠날 때의 미학'은 사업에도 큰 도움을 준다.**

- **천천히 떠나가는 듯한 인상을 남겨라** : '이제 끝났다'는 식으로 금방 물러서는 것은 금물이다. 훌쩍 떠나는 모습은 상대에게 '빨리 그곳을 빠져나가고 싶었다'는 느낌을 주므로 천천히 떠나야 한다.
- **될 수 있는 대로 가까운 거리에서 작별 인사를 하라** : 멀리서 "그럼 부탁합니다."라고 인사하는 것과 가까이서 인사하는 것은 큰 차이가 있다. 될 수 있는 대로 상대와의 거리를 좁혀 인사하는 것이 좋다. 응접실 문 가까이에서 다시 상대가 있는 쪽으로 몸을 돌려 인사하는 것도 좋은 방법이다.
- **상대의 이름을 부르거나 '우리'라는 호칭을 써라** : 그냥 "잘 부탁합니다."라고 하기보다 "박 과장님, 잘 부탁합니다."라고 하는 편이, "다시 검토해보세요."라고 하기보다 "우리 같이 검토해보기로 합시다."라고 하는 편이 훨씬 호감을 준다.
- **허리를 펴고 당당한 모습으로 물러나라** : 상대와 처음 만났을 때의 자세와 떠날 때의 자세는 대조적이라고 할 수 있다. 처음 만났을 때는 허리를 굽혀도 상관없지만, 헤어질 때 그렇게 하면 마치 바쁘게 쫓

기는 듯한 인상을 준다. 당당하게 허리를 편 모습이 밝고 자신 있게
보인다.

• **악수를 하거나 상대의 몸에 가볍게 손을 댄다** : 상대가 동등한 관계나
  손아래라면, 작별 인사를 할 때 가볍게 상대의 몸에 손을 대는 것도
  좋은 방법이다. 악수도 좋고 무릎에 가볍게 손을 대는 것도 효과적
  이다.

사람의 마음을
얻고 싶다면
이름을 자주 불러라

영화 〈로미오와 줄리엣〉을 보면, 사람들이 가면을 쓰고 서로 누군지 모르는 채 즐기는 파티 장면이 나온다. 자기 존재를 숨김으로써 파티가 더 즐겁게 느껴지는 것이다. 가면 파티에는 자기 존재를 알리지 않고 욕망을 마음껏 발산하려는 의도가 숨어 있다. 이럴 때 사람은 평소에는 도저히 할 수 없었던 행위를 태연하게 한다. 심리학에서는 이를 '몰개성화沒個性化 현상'이라고 부른다.

사형 방법 가운데 순간적으로 강한 전류를 통하게 해서 감전사시키는 방법이 있다. 이때 사형 집행인에게 눈과 입 부분만 뚫린 보자기를 뒤집어쓰게 해서 누군지 모르게 하는 것이 보통이다. 그런데 사형 집행인에게 명찰을 달게 했더니 전기 쇼크를 주는 강도가 훨씬 줄어들었다는 실험 보고가 있다. 명찰을 달면 익명성匿名性이 보장되지 않으므로, 냉혹한 인간 속성을 드러내지 못하기 때문이다.

이 실험을 통해 몰개성화의 반대 개념인 '개성화'의 효용도 알 수 있다. 명찰을 다는 것만으로도 행동이 현저하게 달라진다. 자기 존재가 상대에게 알려지면 자기 행위에 책임을 져야 하기 때문이다. 초등학생에게 커다란 명찰을 달게 하는 것도 이런 효과를 노린 것이다.

그럼 개성화의 효용을 업무에서 어떻게 응용할 수 있을까?

고유명사는 특별함을 선물한다

많은 상사들 가운데 특히 자기를 바라보고 말을 걸어주는 상사에게는 친밀감과 함께 깊은 신뢰감을 느낀다. 이러한 심리는 누구에게나 잠재해 있다. 오늘 아파트로 이사를 와서 모든 게 익숙하지 않아 괜히 서성대고 있을 때 "안녕하세요. 옆집의 ○○○라는 사람입니다. 잘 부탁합니다. 모르는 것이 있으면 무엇이든 물어보세요."라는 말을 들으면 반가운 동시에 매우 신뢰할만한 사람이라는 생각이 들어, 이후에도 계속 친하게 지내는 경우가 많이 있다. 말을 건다는 것은 설령 그것이 단순히 날씨를 주고받거나 별다른 의미가 없는 말이라도 상대에게 이쪽의 기분이나 호의를 전달하는 커뮤니케이션의 첫걸음이다. 단

적으로 말해 다른 사람의 마음에 접근해 들어가 장악하기 위한 중요한 포석이다

상사는 회사 복도에서 부하와 스쳐 지나갈 때도 아무 말 없이 고개만 끄덕이고 지나가는 것보다는 "음!"이나 "아!"라고 짧은 말이라도 덧붙이는 것이 좋다. 상대의 이름을 불러주면 효과가 크다. "이것을 해주게."보다는 "ㅇㅇㅇ씨, 이것을 부탁하네."라고 이름을 부르는 편이 이쪽의 친밀감이 잘 전달되고 상대방의 마음을 끌어들이는 효과도 높다는 것은 이미 잘 알려진 사실이다. 자신이 다른 사람에게 '어떻게 불렸을 때 상대방에 대한 호의가 생겨날까'를 생각해보면 간단히 이해할 수 있는 일들이다.

상대의 이름을 불러 사람의 마음을 움직이게 하는 심리 효과는 '자아 관여의 이론'으로 설명할 수 있다. 고유명사를 말함으로써 자신이 상대방과 매우 밀접하게 관계하고 있다는 것을 강하게 인식시키기 때문이다.

병원에서 간호사가 병상에 누워 있는 노인에게 "들려요? 할머니, 약 먹을 시간이에요."라면서, 마치 어린아이를 달래는 투로 말하곤 한다. 간호사의 호의는 잘 알겠지만 할아버지, 할머니라는 익명의 호칭으로 부르기보다는 "ㅇㅇㅇ씨"라고 이름을 부르는 것이 더 좋지 않을까?

그렇게 하면 '하나의 인간으로서 나를 대하고 있다, 정말로 자신의 일을 생각해준다, 걱정해주고 있다'라고 환자가 느낄 수 있기 때문이다. '여러 환자 가운데 한 사람에 지나지 않는다, 부하의 한 사람에 지

나지 않는다'라는 느낌이 들지 않도록 했으면 좋겠다는 말이다. '여럿 가운데 한 명'으로 취급받지 않고 싶다는 기분은 남녀노소를 불문하고 누구에게나 있지 않은가. 그만큼 상대의 이름을 부르는 것은 여럿 가운데 한 명이라는 익명감을 없애고 상대에 대한 자아관여 정도를 높이기 위한 매우 간단하면서도 효과가 큰 방법이다.

이름을 자주 부르면
호감도가 높아진다

"선비는 자신을 알아주는 사람을 위해 죽는다."라는 말이 있다. 사람의 마음을 통솔하기 위한 첫걸음은 사람을 아는 것에 있다. 사람을 아는 첫걸음은 그 사람의 이름을 기억하고 부르는 것에서 시작한다.

"○○○군은 어떻게 생각하는가?"

"○○○씨, 요즘 기분이 좋은 것 같네요."

이처럼 상대방의 이름을 입에 올리는 것은 그 자리의 분위기를 부드럽게 할 뿐 아니라, 스스로 자신의 딱딱한 태도를 벗어나게 하는 효과도 있다. 다만 처음 만난 자리에서 너무 빈번하게 상대의 이름을 부르면 '친한 척하지만 딴마음이 있는 것처럼 보인다'라는 마이너스 효과가 실험을 통해 확인된 바 있다.

또한 이름을 부르는 것만큼 단순 접촉도 호감을 갖게 하는 데 효과가 있는 것으로 실험에서 확인되었다. 한 실험에서 어떤 사람의 얼굴 사진을 피험자에 따라 각각 1~25회씩 보여주고 사진 속의 인물에 대한 호감도를 조사한 결과, 사진을 자주 접촉할수록 호감도가 높아지는 것으로 나타났다.

에펠탑이 처음 건립되었을 때, 파리 시민들은 거친 철골조의 괴물이 아름다운 파리의 경관을 해친다고 생각했다. 하지만 오늘날에는 파리를 상징하는 기념물로 누구나 사랑하고 있다. 이처럼 어떤 사물이나 사람과 그저 단순하게 접촉하는 것만으로도 호감이 증가한다.

두 사람의 심리적 거리가 좁혀짐에 따라 부르는 호칭도 '직함 → 성 → 이름'의 순서로 바뀌어 간다. 단순한 친구관계였던 두 사람이 호칭을 달리함으로써 연인관계로 바뀐 예도 있다. 그러나 첫 대면부터 너무 자주 상대의 이름을 부르는 것은 실례다. 미팅에서 처음 만난 남학생이 지나치게 자주 이름을 부른다면, 여학생은 '너무 친한 척하는 게 뭔가 속셈이 있는 것 같다'는 느낌을 받을 수도 있다. 적절할 때에 이름을 불러야 효과를 거둘 수 있다.

회의를
주도하는 조건은
따로 있다

큰소리치면 뭐든지 해결되는 것 같지만, 오히려 의미 있는 낮은 목소리가 더 힘을 발휘할 때가 있다. 그 말의 원리가 그대로 적용되는 것이 회의시간이다.

잘 나가는 일류 기업의 김과장은 용모도 뛰어나고, 말솜씨도 좋으며, 목소리도 크다. 회의에서는 일단 "그건 그렇지 않아요."라는 말을 던져서 참석자의 주목을 끈 후에 자기주장을 강하게 펼친다. 부장 자리를 놓고 김 과장과 경쟁을 벌이는 또 한 명의 과장은 회의에서 하고 싶은 말을 전부 뱉어 버리는 성격이다. 특히 경쟁 상대의 발언에 대해서는 무안할 만큼 조목조목 반박한다.

두 사람 모두 '회의를 주도하고 있는 사람은 자기'라는 강한 자부심을 가지고 있다.

과연 그럴까?

회의를 주도하려면
말솜씨만으로는 부족하다

심리 연구 결과에 따르면, 말을 조리 있게 한다고 해서 회의를 주도하는 것은 아니다. 상사와 부하가 모두 참석하는 **회의는 자기 능력을 과시할 수 있는 절호의 기회지만, 말솜씨만으로 인정받으려 들면 오히려 역효과만 가져온다.**

회의를 주도하기 위해서는 다음 조건을 갖춰야 한다.

* **토론 방향을 이끌어간다** : "요컨대 이런 것이군요." "지금까지 의견을 정리해보면 이렇게 요약할 수 있겠군요." "이렇게 하면 어떻겠습니까?"라고 적절한 지점에서 토론 내용을 정리해서 방향을 정한다. 회의를 혼자서 이끌어가려 하지 말고 전체 의견이나 방향을 확인해서 정리하고 조정하는 역할을 해야 한다.
* **참신한 아이디어를 낸다** : 다른 사람들이 미처 생각하지 못한 참신한 아이디어를 많이 내서, 회의가 자신이 낸 아이디어를 중심으로 진

행되게 한다. 물론 그렇게 하기 위해서는 사전에 철저한 준비가 필요하다.

• **믿음직스럽게 보이도록 연출한다** : '믿을 수 있다', '능력 있다', '개성이 있다'라는 인상을 줘야 한다.

이렇게 보면 '말을 잘한다', '목소리가 크다'는 것만이 회의에서 리더의 조건이 아님을 알 수 있다. 앞서 얘기했던 두 과장은 자기들이 회의를 이끌어간다고 생각하겠지만, 참석자들로부터 기대만큼의 평가를 받지 못한다는 사실을 알아야 한다.

위의 조건을 모두 충족시킨다는 것은 무리겠지만, 어느 것 하나라도 갖추려는 노력을 해야 한다. 몸을 아끼지 않는 실천력이야말로 다른 사람의 마음을 확실하게 움직인다. 남이 하기 싫어하고 힘들어하는 일을 찾아서 해낸다면, 당연히 다른 사람들로부터 인정받을 것이다. 다른 사람에게 '저 사람이면 믿을 수 있다'라는 신뢰감을 주는 일이 말만 조리 있게 하는 것보다 몇 십 배의 효과가 있다. 묵묵히 듣고 있는 다른 참석자들이야말로 적절한 평가를 내릴 힘을 가진 사람들이라는 사실을 명심하자.

어디에나 불평분자는 있기 마련이다. 그런 사람은 회의에서 결정된 사항에 대해 나중에 이의를 제기한다. "그래서 이런 결과가 된 거야. 나는 모르는 일이야."라고 불평한다. 회의를 진행하는 사람에게 이런 불평은 곤혹스럽기 짝이 없다. 그래서 사전에 어떻게든 모두가 참가해서 결정하는 분위기를 만들고 싶어 한다.

이럴 때는 탁자 구석에 앉아 있는 사람을 지명해서 발언시키는 방법이 효과적이다. 구석에 앉아 있는 사람은 보통 참가 의욕이 낮으며, 발언도 별로 하지 않는다. 따라서 그런 사람이 발언을 하면, '전원 참가'라는 분위기가 형성된다.

또 발언을 시키고 싶은 사람을 직접 지명하지 않고 일부러 그 좌우에 앉아 있는 사람에게 의견을 묻는 방법도 있다. 그렇다고 나중에 불평할 것 같은 사람을 일부러 지명할 필요는 없다. 필요한 것은 '전원이 참가했다'는 인상을 주는 것이다. 이런 방법은 회의가 더 이상 진전되지 않을 때에 도움이 된다.

회의의 룰을 정하고, 철저하게 지켜라

회의에서 결론을 내리기는 내렸는데, 실은 그 내용이 애매모호해 결국 무엇이 결정되었는지 불분명한 경우가 간혹 있다. 전략적 목적이 분명하지 않기 때문에 구체적인 내용에 대한 토론도 제대로 전개될 수 없으며, 다음으로 미뤄지기만 한다. 그렇지만 그 이후라고 해서 결정이 이루어지는 것은 아니다. 회의의 연장선상에서 임시방편으로 그때그때 견뎌나갈 뿐이다.

논리적인 토론을 충분히 진행하기보다 그 장소의 추세나 분위기에 좌우되는 사례가 적지 않다. 회의시간만 길어지고 회의에 대한 회의만 유발할 뿐이다.

회의시간을 단축하는 키포인트, 4가지를 정리했다.

첫째, 참석자 모두에게 회의 의제를 명확하게 전달한다. 회의에 참가하는 사람들의 두뇌가 움직이는 것은 회의가 시작되고 어느 정도 시간이 흘러야 가능하다. 또한 사회자로부터 의제를 듣고, 회의가 진행되면서 자신의 의견을 결정하기까지도 꽤 시간이 걸린다. 사전에 회의 의제를 충분히 전달하면 회의시간을 상당히 단축할 수 있다.

둘째, 회의를 본격적으로 시작하기 전에 어떤 결론을 도출해낼지를 미리 상정해둔다. 브레인스토밍 같이 아이디어를 모으기 위한 회의가 아닌 한, 회의의 결론은 미리 어느 정도 예측할 수 있는 경우가 대부분이다. 사전에 출석자가 나름대로의 결론을 머릿속에 넣어두고 회의를 진행하면 회의의 진행이 신속해진다.

셋째, 회의 진행의 룰을 결정하고 그것을 모두에게 적용시킨다. 발언 순서와 시간 등을 결정해둔다. 결국 최종적으로는 의제에 대해 찬성, 반대를 묻든가 또는 각자가 제출한 안 가운데서 어떤 것을 고를지를 일단 명확히 해둔다. 그렇지 않으면 이러한 것을 결정하는 데 많은 시간을 소비한다.

넷째, 아무리 논의가 분분해도 제한시간이 되면 결론을 내린다. 이

것이 핵심이다. 회의가 끝나기 5분 정도를 남겨 두고 결론을 내려야 한다. 결론이 나오면 각자의 의견을 정리해보는 시간을 갖고, 회의를 마친다는 것을 사전에 주지시킨다. 어떠한 일이 일어나도 5분 전에 회의를 마감하는 습관을 기른다.

회의가 장소의 추세나 분위기에 좌우되는 사례가 많다는 것은 역으로 말하면, 내용은 애매해도 무엇을 해야 하는지 주제와 대상을 정확하게 말하고 방향성을 단언할 수 있는 사람이 그 장소의 전체적인 헤게모니를 잡을 수 있다는 것이다.

회의나 협상의 분위기가 정체돼서 더 나아가지 못할 때는 명확한 원칙이나 신념을 단호히 표현하여 그 장소의 분위기를 새롭게 형성시키는 노력이 중요하다. 이렇게 해야만 회의를 목적한 바대로 끌고 갈 수 있다. 즉 교통정리를 할 줄 알아야 그 자리의 분위기를 자기의 손에 넣을 수 있는 것이다.

협력자를
이용하라

회의와 관련된 불만은 회의 진행자의 진행 솜씨에 따라 대부분 해결될 수 있는 문제들이다. 혼자 진행하기에는 너무 부담스러운 회의라고 생각되면, 당신을 지지하는 사람에게 협력을 구하라. 협력자에게

부의장 역할을 맡기는 셈인데, 이럴 때는 그가 어떤 자리를 차지하느냐가 아주 중요하다.

반면에 **의견이 많이 나올 듯한 회의에서는 협력자를 당신의 정면에 앉혀라.** 사람은 자기와 반대 의견을 가진 사람과 마주보고 앉으려는 심리가 있기 때문이다. 비어 있는 자리가 많은데 누군가 일부러 당신 정면에 앉는다면 십중팔구 반론을 제기하기 위한 행동이다. 그렇게 되면 수세에 몰리기 쉽다. 따라서 원만하게 회의를 진행하고 싶다면 협력자를 당신 정면에 앉혀야 한다.

그리고 **당신의 발언이 끝나면 협력자가 바로 찬성 의견을 밝히는 것으로 약속해둬라.** 그러면 회의 분위기는 금방 찬성 쪽으로 기운다. 일단 찬성 쪽으로 의견이 모아지면 반대로 되돌리는 것은 쉬운 일이 아니다. 이때 찬성하는 타이밍이 매우 중요하다. 때를 놓쳐 반론이 나온 뒤에 찬성 의견을 말하면, 좀처럼 찬성을 얻기가 힘들다.

이 작전은 '발언이 끝나고 난 뒤 곧 발언하는 사람은 그 의견을 반대하는 경우가 많다'는 사실에 근거한 것이다. 당신의 의견에 반대하는 사람은 당신의 발언이 끝나면 곧바로 반론을 펴기 위해 단단히 마음먹고 있다. 그럴 때 찬성하는 의견이 나오면 선수를 빼앗겨 발언할 타이밍을 잃게 된다. 그러면 반박하더라도 협력자 덕분에 당신 의견이 강화된 뒤라서 참석자들에게 강한 인상을 줄 수 없다.

반박 타이밍을 잃으면 상대의 페이스에 말려 좋은 성과를 거둘 수 없다. 이럴 때는 상대의 말을 끊는 작전이 필요하다. '상대와 같은 자세를 취하지 않는다', '고개를 끄덕이지 않는다', '시선을 마주치지 않는다' 등 여러 가지 소극적인 방법이 있다.

그러나 곁눈질을 하거나, 팔짱을 끼거나, 다리는 떠는 몸짓은 오히려 역효과를 낸다. 여러 가지 몸놀림을 사용해서 자연스럽게 이야기의 흐름을 끊는 기법을 알아보자.

- **손을 위아래로 움직여 말을 멈추라는 듯한 동작을 한다** : '이젠 그만 말해라' 하는 의사 표시로 비교적 많이 쓰는 방법이다.
- **헛기침을 계속한다** : '음, 음' 하고 헛기침을 반복함으로써 더 이상 상대의 말에 관심이 없다는 표시를 한다.
- **자세를 크게 바꾼다** : 상대편에게 몸을 숙이고 있었다면 몸을 일으키고, 왼쪽으로 향하고 있다면 오른쪽으로 몸을 돌려 자세를 바꾼다.
- **자연스러운 이유를 대면서 자리를 뜬다** : "화장실에 다녀오겠습니다." "전화 좀 하고 오겠습니다." 등의 핑계를 대고 잠시 쉬면서, 상대의 공격이 둔화되기를 기다린다.
- **이야기와 관계없는 몸짓을 한다** : 차나 커피를 마시거나 가방 안을 뒤진다. '미안하지만 한 잔 더' 하는 주문도 효과적이다.
- **일부러 시선을 돌린다** : 상대와 관계없는 방향으로 시선을 돌린다. 일부러 상대와 시선을 마주친 다음에 다른 곳으로 시선을 돌려도 같은 효과가 있다.

회의에서의
헤게모니를 찾아라

　자기가 제안한 사항을 검토하는 회의에 참석한 김 과장은 설명하기 편할 것이라는 생각에 칠판 바로 앞자리에 앉았다. 자료를 복사해 두고 예행연습도 하는 등 만반의 준비를 했으므로, 자신 있게 설명할 수 있으리라 생각했다.

　한 시간 뒤, 김 과장은 참담한 패배감을 느끼며 회의실을 나왔다. 회의는 전혀 자기 생각대로 진행되어 주지 않았다. 중요한 사항을 칠판에 적어 가며 설명을 해도 다른 사람의 주의를 끌지 못했다. 오히려 동료 박 과장의 제안이 주의를 끌어 완패를 당했다.

리더가 앉는 자리는
따로 있다

가장 큰 문제는 김 과장이 앉은 자리였다. 칠판과 가깝기는 했지만 사각형으로 배열된 탁자들의 한 구석인데다 입구 바로 옆, 그리고 창 반대편이었다. 이에 비해 박 과장의 좌석은 책상들의 중앙이자 창을 등진 곳이었다.

무뚝뚝한 인상의 박 과장의 제안이 주목을 끌 수 있었던 것은 '좌석의 심리학'의 결과다. 좌석에는 반드시 상석上席이 있다. 온돌방이라면 제일 안쪽인 아랫목이, 가정의 응접실이라면 텔레비전이 잘 보이는 좌석이 상석이다. 상석에는 으레 리더가 앉게 되어 있다. 재미있는 것은 리더가 아닌 사람이라도 상석에 앉으면 리더가 된 듯한 기분이 들어 리더십을 발휘한다는 것이다. 왜 그럴까?

상석에서는 주위 사람이 잘 보이고 주위의 관심을 자기에게 모으기 쉬운 반면, 자기 표정은 다른 사람들에게 잘 드러나지 않는다는 심리학상의 이점이 있기 때문이다. 따라서 상석을 차지하는 사람이 회의를 통제하는 데 유리하다. 회의 시작시간보다 빨리 와서 상석을 차지해야, 자기 역량 이상을 발휘할 수 있다.

회의장에서는 입구에서 멀고, 창을 등지고, 칠판이나 영사막 등을 등지는 좌석이 상석이다. 큰 사각형 탁자를 가운데 두고 둘러앉는 회의라면 한가운데 자리가 상석이 된다.

김 과장의 자리는 정반대였다. 입구에서 가깝고, 창쪽을 바라보며, 구석에 있는 자리다. 그 자리는 참여 의욕이 없는 사람이 앉는 좌석이다. 그래서 김 과장의 의욕과 달리 다른 참석자들의 눈에 띄기 어려웠던 것이다. 다시 말하면 박 과장의 좌석은 리더가, 김 과장의 좌석은 추종자가 앉는 자리다. 당신이 아끼는 동료나 부하에게 리더 역할을 맡기려고 한다면, 슬쩍 그를 상석에 앉히면 된다. 리더로서 능력이 좀 모자라더라도 그곳에 앉으면 몇 배의 능력을 발휘할 수 있다.

"돋보이지는 않더라도 의욕적으로 참여하고 있는 것처럼 보이는 방법은 없습니까?"라고 묻는 사람이 있다. 한 가지 제안을 하자면 좌석을 미리 정해두고 회의 때마다 그 자리에 앉는 방법을 들 수 있다. 곧 지정석을 가지라는 것이다. 강의 때마다 자리를 바꾸는 학생은 좀처럼 인상에 남지 않는다. 진중함이 없는 것인지, 공부할 의욕이 없는 것인지 알 수가 없다. 반면 언제나 정해진 자리에 앉는 학생에게는 자연히 눈길이 가며, 강의가 끝나도 기억에 오래 남는다.

다른 사람보다 좀 빨리 가서, 될 수 있는 대로 회의 진행자와 가까운, 정면에 있는 자리에 좌석을 잡는다. 회의 진행자의 시선이 집중되기 쉬운 자리다. 이렇게 하면 회의 진행자는 물론 참석자들에게 '그 자리는 그 사람의 좌석'이라는 암묵적인 양해가 형성된다. 그만큼 당신의 존재가 참석자들에게 확실히 인식되는 것이다. 지정석을 정하면 참여 의식과 적극성이 높아져, 발언을 많이 하게 되는 효과도 있다.

헤게모니
포지션을 찾아라

보통은 아무렇게나 놓여 있는 것처럼 보이는 회사의 탁자 배치, 하지만 협상에 유리한 장소와 불리한 장소가 있다. 간단한 회의나 미팅을 할 때도 어떻게 앉느냐에 따라 설득이 소기의 성과를 거둘 수 있을지 여부가 결정된다.

1. **타협형** : 탁자의 코너를 끼고 90도로 앉는다. 이 위치는 상대의 시선을 피할 수 있다는 점에서는 유리하지만 그래도 상대와의 거리가 너무 가깝기 때문에 방만한 대화로 흐를 수 있다. 사소한 부탁이나 타협을 하는 데 이용하면 좋다.

2. **협력형** : 나란히 붙어 앉는다. 시선을 부딪치지 않고 말을 할 수 있어서 약간 무리한 의뢰도 꺼리지 않고 말할 수 있다. 보다 친근해지고 싶다, 협력하고 싶어 한다는 인상을 상대에게 준다.

3. **설득형** : 탁자를 보고 마주 앉는다. 시선을 마주치기 쉽다. 그래서 격식을 차린 분위기, 긴장된 공기가 흐른다. 맞서서 토론을 하고 싶다거나 상대를 설득하고 싶을 때는 이 포지션을 이용한다. 이쪽의 진지한 태도가 상대에게 전달되기도 쉽다.

4. **압박형** : 탁자를 보고 대각선으로 앉는다. 상대와의 대립을 피하고 싶을 때, 완강한 거부의 자세를 나타낼 때의 포지션이다. 시선을 피

하기도 쉽고 상대에게 심리적 압박을 가할 수도 있는 위치이므로 양보를 이끌어내는 것도 가능하다.

포지션의 심리학

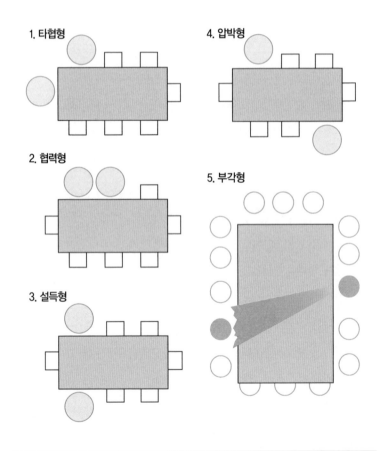

1. 타협형

4. 압박형

2. 협력형

5. 부각형

3. 설득형

그림 ③에 나타난 설득형은 '전에 대립하던 상대가 회의에 참석하고 있을 때는 그 상대를 향해서 앉는 경향이 있다'라고 하는 '스팅자 효과'를 원용한 것이다. 스팅자란 소집단의 생태를 여러 가지 각도에서 연구한 사회심리학자의 이름이다.

그렇다면 회의 좌석에서 자신의 존재를 상사에게 의식시킬 수 있는 위치는 어디일까?

그림 ⑤처럼 상사가 탁자의 긴 편 중앙에 앉아 있고 자신은 반대 측에 비스듬히 기울어진 곳에 앉는 것이 좋다. 이 위치는 상사와의 시선이 마주치기도 쉽고 피하기도 쉽다. 상사와 시선을 주고받더라도 상사에게 긴장감이나 대립감을 주지 않기 때문에 호감을 가지기 쉽고 적극적인 참가자로 비친다.

히틀러는 연설할 때 항상 석양을 배경으로 했다. 키가 작은 히틀러를 실제보다 크게 보이도록 만들어 카리스마를 연출하고 대중을 선동, 유도, 컨트롤하는 데 최고의 효과를 발휘했다. 햇빛과 창을 배경으로 한 좌석은 실력자나 리더, 권위자가 앉는 위치다. **출입구에서 가장 멀고 기둥이나 창문을 배경으로 한 소위 상석에 집단의 실력자인 리더가 앉는 이유는 따로 있다. 그곳에 앉아 있는 실력자의 얼굴에 약간 그림자가 지게 되어 얼굴 표정에 나타날 수도 있는 마음의 변화를 참석자들에게 읽히지 않도록 배려한 것이다.**

즉 상석은 회의나 협상에서 분위기를 유리하게 이끌어나갈 수 있는 최적의 자리라고 할 수 있다. 주도권을 잡고 협상 상대나 참가자의 의견을 자기가 생각하는 방향으로 유도하기 쉬운 자리인 것이다.

그러므로 누가 어디에 앉아도 괜찮은 회의나 협상이라면 아무렇지도 않은 듯, 이런 위치에 앉아 분위기를 지배하는 것도 가능하다.

실력자의 포지션

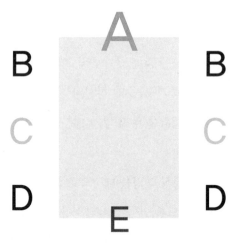

그림과 같은 좌석의 경우라면 실력자의 좌석은 A, C, E가 된다. A, E를 좋아하는 사람은 문제 해결을 최우선으로 해서 토론을 자꾸 끌어들이는 타입이다. C를 좋아하는 사람은 문제 해결보다는 참가한 사람의 인간관계를 중시해, 전원의 의견을 한데 모아 통합하는 타입인 경우가 많다. B, D는 눈에 띄지 않는 자리로 회의에 적극적으로 참여할 생각이 없는 사람들이 주로 앉는 자리다. 이와 관련해 브레인스토밍과 같은 회의에서는 C의 좌석에 리더가 앉는 것이 의사 진행에 효율적이다.

좌석의 문제라고 가볍게 보면 안 된다. 국제회의에 참석하는 사람들이 가장 머리를 쓰는 것이 좌석의 위치다. 협상 참가자의 입장에서 보면 어디에 앉느냐라는 문제는 육상 경기에서 스타트 위치를 결정하는 것과 같이 중요하기 때문이다.

탁자의 형태, 회의 장소도 고려하라

조금 더 디테일하게 들어가보자. 탁자의 형태가 단순히 원형인가, 사각형인가에 따라서도 대화의 효과가 미묘하게 달라진다. **원형 탁자에서는 상석을 만들기 어렵기 때문에 리더십을 발휘하기 힘들지만, 모두가 자유롭게 의견을 내어 토의하는 데는 원형이 좋다.** 원형 탁자는 참가자에게 대등한 발언 기회를 주기 때문에 화기애애한 분위기에서 토론할 수 있다. 원형 탁자에서는 모두 대등한 위치가 되기 때문에 특별한 자리를 만들어 인물의 권위를 높일 필요도 없다.

1967년 파리에서 열렸던 베트남 평화회담에서도 원형 탁자가 사용되었다. 이 회담이 시작되기 전만 해도 각 대표의 좌석 배치를 어떻게 할 것인가 하는 문제로 8개월을 끌었다. 회담을 자기네 나라에 유리하게 전개시키기 위해서 협상에 유리한 좌석을 확보하려는 치열한 쟁탈전이 벌어졌던 것이다. 사각형 탁자에는 토의에 유리한 좌석, 불리한 좌석이 있기 마련이다. 그래서 결국 원형 탁자를 사용하기로 했다고 한다.

그러나 원형 탁자라고 해서 반드시 좌석의 유리함이나 불리함이 없다고는 할 수 없다. 원형 탁자 중 역사적으로 가장 유명한 것이 아서의 원탁이다. 아서의 원탁 역시 처음에는 어느 좌석이 누구의 자리라고 지정된 것은 아니었다. 그러나 시간이 흐를수록 아서 왕이 앉는 자리가 고정되었고, 그의 좌석과 가까운 자리일수록 권력이 센 사람이 앉는 관례가 형성되기 시작했다. 결국 처음에 원탁을 설치했던 목적이 흔적도 없이 사라지게 되었던 것이다.

또한 원형 탁자에서 토론할 때 리더 격인 인물의 좌우에 있는 좌석은 공석이 되는 수가 많다. 아무리 원형 탁자라고 해도 완벽하게 모두가 대등할 수는 없는 것이다.

회의에서 방의 크기도 중요한 역할을 한다. 10명 정도가 토론하는 경우, 크고 널찍한 방을 사용할 때와 작고 답답한 방을 사용할 때 회의의 결론이 달라질 수 있다.

모의재판을 이용한 실험에 의하면, 여성만으로 구성된 배심원 그룹에서는 큰 방보다 작은 방에서 심의했을 때 관대한 판결이 내려졌다. 한편 남성만의 그룹에서는 여성과는 반대로 작은 방에서 심의한 경우, 엄한 판결이 내려졌다. 이처럼 회의 장소의 크기도 토론의 분위기에 영향을 미친다.

방의 크기로 회의의 분위기를 컨트롤할 수 있다. 여성만의 그룹에서는 작은 방을 사용했을 때, 회의 분위기가 쾌적하고 화기애애하게 진행되었고 남성은 그 반대로 나타났다. 하지만 남녀가 함께 있는 그룹에서는 방 크기가 회의의 결론이나 토론의 분위기에 영향을 주지 않았다.

일반적으로 남성들만이 작은 방에서 토론한다면 서로 공격적이고 경쟁적으로 되므로, 활발하고 충분한 토론을 전개시키기 위해서는 작고 아담한 방을 제공해 참가자의 신체가 서로 접근하도록 하는 편이 좋을 것이다. 반대로 회의를 형식적으로 마치려 할 때, 즉 간단한 점검과 보고가 주내용인 회의는 넓고 쾌적한 방을 사용하는 편이 좋다.

가족끼리는
넌버벌 코드도 닮는다

누구나 혈연관계를 갖고 있다. 가장 영속적인 관계라고 할 수 있는 혈연관계는 때때로 긴장 상태에 빠질 수는 있지만, 완전히 없어질 수는 없다. 심리학자 아처는 혈연관계를 나타내는 넌버벌 단서에 대해 다음과 같이 말한다.

"친밀한 관계와 마찬가지로 혈연관계에도 연극 대본처럼 '사회에서 규정한 대본'이 있다. 집에서 식사할 때, 식탁 정면의 자리는 항상 가장이 앉는 자리라는 암묵적인 규칙이 그런 예다. 혈연관계 대본에는 비공식적인 규칙, 권리, 책임이 포함되어 있다. 여기에는 부모가 아이에게 '그거 건드리지 마', '그 쪽으로는 가지 마', '좀 조용히 해'라고 하는 잔소리가 포함된다."

부모는 자식이 중년이 돼도 계속 이래라 저래라 잔소리한다. 버스를 탔다가 한 노인과 그의 서른 살쯤 되어 보이는 아들이 나누는 대화를 들은 적이 있다. 그런데 3분도 안 되는 짧은 시간 동안 아버지가 아들에게 다섯 가지를 충고하고 있었다. 아마도 자기 친구나 아내에게는 그렇게 하지 않을 것이다.

잔소리는 부모와 자식관계에서 볼 수 있는 고유한 특징이다. 나이든 사람이 젊은 사람에게 일방적으로 잔소리를 하고 있다면, 그들은 부모 자식 사이라고 생각해도 틀림없을 것이다. 부모의 잔소리에는 동작이 따르는 경우가 많다. 아이를 붙잡아 세우고 옷매무새를 고쳐준다든지, 단추를 채워준다든지, 흐트러진 머리를 빗어준다든지 하면서 잔소리한다.

아이는 어릴 때는 부모의 잔소리를 별 저항 없이 받아들이지만, 나이가 들면 점점 저항하게 된다. 부모들이 잔소리로 부모의 권위에서 벗어나지 못하게 하기 때문이다. 자식이 아직 어릴 때는 부모와 자식의 상호 작용이 의식하지 못하는 가운데 습관적으로 부모의 대본대로 연출된다.

그러나 자식이 자라 자립에 관심을 갖게 되면 부모의 대본대로 되어가는 것에 저항을 느낀다. 따라서 부모와 자식 사이를 규정하는 대본은 점점 미묘하고 복잡하게 변해간다.

넌버벌 신호로
관계를 한눈에 알 수 있다

혈연관계에서 관찰되는 말투는 그 사람들의 관계를 이해하는 데 중요한 단서가 된다. 보통 때는 상냥한 사람이 부모와 이야기할 때는 말투가 사뭇 거칠어지는 경우를 종종 본다. 그러나 정작 그 사람의 부모는 자식의 말투를 거칠다고 생각하지 않을 수도 있다. 혈연관계에는 독특하고 다양한 그 나름의 대본이 존재하기 때문이다.

아처는 한 대학생이 누군가와 통화하는 장면을 비디오로 찍어 실험을 했다. 학생은 39초 동안 "알았다니까." "아니." "괜찮아." "네." "그게 좋아." 등의 말밖에 하지 않았다. 이 비디오를 1,000명이 넘는 대학생에게 보여주고, 이 학생이 누구와 이야기를 하고 있는가를 추측하게 했다. 그러자 판정자 가운데 55%가 통화하고 있는 상대가 어머니일 것이라고 대답했다. 대화 내용 가운데 혈연관계라고 생각할 만한 단서가 있었던 것이다.

부모와 자식관계는 시간이 지남에 따라 여러 단계를 거치고, 혈연관계를 나타내는 단서도 각 단계마다 조금씩 달라진다. 마치 부모와 자식이 몇 개의 막으로 구성된 연극에 출연하는 것 같다. 막마다 특정 주제가 나타나고, 이 주제는 다른 사람들에게 중요한 단서를 제공한다.

레스토랑에서 누군가를 기다리던 남자가 탁자 위에 놓인 식기, 냅

킨, 꽃병 따위를 차례로 탁자 한가운데로 옮긴다. 이 행동은 어떤 단서를 주는 것일까?

어쩌면 그는 돌이 갓 지난 자신의 아이를 기다리고 있는 것일 수 있다. 부인과 함께 아이가 오면, 그는 미리 물건을 치워둔 탁자 한편에 아이를 앉힐 것이다.

단계마다 아이가 부모와 갖는 중요한 주제는 다음과 같다. 곧 완전한 의존출생~2.5세, 언어 학습2.5~4세, 능력 개발과 독립5~10세, 부모에게 느끼는 난처함11~17세, 부모를 받아들임18~25세, 부모와의 동일시同一視, 25세 이후에 특히 자기가 부모가 된 경우, 마지막으로 역할의 역전중년이 되면 오히려 자식이 부모를 돕는다든지 충고한다이다. 이런 부모와 자식관계의 변화는 마크 트웨인의 다음 말에서도 확인된다.

"열네 살 때까지는 아버지가 아주 무식하다고 생각되어서 아버지가 내 주위에 있는 것조차 도저히 견딜 수가 없었다. 그러나 스물한 살이 되었을 때, 7년 사이에 아버지가 그렇게 많은 것을 터득하고 계신가 하는 생각에 놀랄 수밖에 없었다."

사춘기 무렵이 되면 아이는 부모를 억제자로 느끼면서 그 영향력에서 벗어나려고 저항하지만, 성장하면서 점차 자신과 부모를 동일시하고, 부모의 도덕관과 금기 사항을 내면화하여 양심을 형성한다. 이런 과정을 통해 부모와 자식의 혈연관계는 끈끈하게 이어진다.

유전자를 뛰어넘는
닮음이 있다

혈연관계에는 '신체적 계승'과 '사회적 계승'이라는 두 가지 유사성을 발견할 수 있다. 이 가운데서도 혈연관계인 사람들을 알아볼 수 있는 가장 결정적인 단서는 유전자를 통한 '신체적 계승', 곧 시각적으로 보이는 신체적 유사성이다. 그러나 신체적 유사성도 보는 사람에 따라 달라질 수 있다. 어느 가정에 같은 또래 남자 아이 둘이 있는데, 하나는 양아들이었다. 이 사실을 아는 사람들은 누가 친아들인지를 맞춰보려고 했지만, 흥미롭게도 맞추는 사람은 반 정도에 불과했다. 이 정도는 우연이라도 맞출 수 있는 확률이다.

따라서 혈연관계를 알아낼 때는 무엇보다 '보는 쪽의 눈_{관찰안}'이 중요하다. 사람들은 아이와 어른이 함께 있는 것을 보면, 실제 이상으로 유사성이 있다고 보는 경향이 있다. 이것은 양쪽의 유사성이 다른 특징들보다 쉽게 눈에 띄기 때문이다. 남편의 친구들은 모두 아이가 아버지를 빼닮았다고 하고, 아내의 친구들은 모두 어머니를 닮았다고 하는 것도 같은 이유다. 이렇듯 신체적 계승이라는 것은 혈연관계의 완벽한 단서가 되기는 어렵다.

'사회적 계승'이란 아이가 부모의 가치관이나 생활 양식에 자신을 동일시함으로써 부모를 닮아 가는 것을 말한다. 동일시란 의미 있는 타자의 행동이나 가치관을 닮고자 하는 것이다. 내가 아는 사람 가운데 언제나 화려하게 차려입고 다니는 여인이 있다. 큰 귀걸이에 밝고 화려한 옷을 즐겨 입어서, 집시 같은 느낌이 들 정도다. 한번은 어떤 모임에서 매우 화려하게 차려입은 젊은 여성을 만났는데, 보자마자 나는 그 화려한 옷차림을 좋아하는 여인이 머리에 떠올랐다. 나중에 알고 보니 놀랍게도 그 젊은 여성이 바로 화려한 치장을 좋아하는 여인의 딸이었다. 어머니의 스타일이 동실시 과정을 통해 딸에게 계승된 경우라고 할 수 있다.

신체의 특징이 사회적 계승을 반영하는 경우도 있다. 가족은 음식에 대한 기호가 비슷하므로, 흔히 가족 모두 비만이거나 모두 여윈 경우가 많다. 이렇게 생활 방식이나 사회적 위치, 복장, 음식, 신념, 가치관은 사회적 계승을 나타내는 중요한 지표가 된다.

이 밖에도 부모와 자식이 상호 작용한 결과로 생기는 단서들도 많다. 일상생활에서 나타나는 상대에 대한 응시, 거리, 접촉 등에서 관계를 파악할 수 있는 중요한 단서들을 얻을 수 있다. 이런 미묘한 행동이 혈연관계를 나타내는 넌버벌 표시가 된다. 상대와 어느 정도 거리를 둘 것이냐, 신체 접촉을 해야 하는가, 상대의 눈을 응시해야 하는가, 무엇을 말해야 좋은가, 어떻게 말해야 하는가, 또 어느 정도 상호 작용서로가 서로에게 영향을 주고받는 작용을 지속해야 하느냐 등에 관한 결정은 무의식적으로 이루어진다.

무의식적으로 내려진 결정이 상대와의 상호 작용 전반을 지배한다.

그게 그런 뜻이
아니었군요?

제스처는 특정한 문화나 직업의 고유한 것이라고 생각하지만, 문화를 초월하여 보편성을 지니는 것도 상당히 많다. 그러나 나라에 따라서는 우리와는 전혀 반대의 의미로 쓰여 오해를 불러일으킬 제스처도 있다.

예를 들면 이태리에서 당신이 연주를 마쳤거나, 요리를 손수 만들어 손님들을 접대했을 때 참석한 사람이 둘째손가락을 펴서 뺨 한가운데를 누르는 제스처를 한다면 "저 사람, 나를 놀리는 거 아니야!" 하면서 화를 내어서는 안 된다. 우리나라에서는 아이들이 상대를 놀릴 때 둘째손가락을 뺨에 대고 혀를 내밀면서 "용용, 죽겠지~" 하며 놀린다. 그러나 이태리에서는 정반대의 의미다. "당신의 연주는 뛰어나다."

"당신의 요리 솜씨는 훌륭하다."라는 칭찬의 신호다. 그러나 이 동작은 유럽의 다른 지방에서는 거의 보이지 않는다.

어릴 때, 우리는 자주 눈꺼풀을 뒤집고 혀를 내밀면서 친구를 놀려주고는 했다. 그러면 친구는 너무 약이 올라 당신을 잡으러 이리저리 쫓고는 했다. 힘으로 당해낼 수 없는 친구를 골려주려 할 때, 이런 제스처를 보이고는 도망을 쳤다. 그러나 유럽 사람들의 아래 눈꺼풀을 가볍게 당기는 동작에는 의미심장한 내용이 담겨져 있다. 그것은 제삼자에게는 '저 사람을 믿지 마라'는 주의를 주는 신호로 사용되지만, 상대에게는 '네 속셈을 훤히 들여다보고 있단 말이야. 누가 속을 줄 알아'라는 의미의 사인으로 '경고'와 '경멸'의 의미가 포함되어 있다.

또 엄지손가락을 코끝에 대고 다른 손가락은 부채꼴처럼 펴서 흔드는 동작은 유럽에서는 조소나 멸시의 의미로 널리 쓰인다. 하지만 우리는 다른 사람을 즐겁게 해주려는 동작으로 잘못 생각할 수도 있다. 이런 사인이 가지는 의미를 모른다면 서로들 많은 오해를 낳게 될 것이다. 우리나라 사람들은 성인이 되면 그런 동작을 잘 하지 않는다. 어른이 되면 경멸과 모욕의 사인도 한결 수준이 높아진다. 그러나 서양 사람들은 성인이 되어서도 곧잘 이런 신호를 쓰는 것을 보면 천진난만하다고나 할까?

우리가 자주 사용하는 사인이기는 하지만, 나라에 따라 의미하는 바가 전혀 달라 아주 조심해서 써야 할 사인을 몇 가지 알아보자.

OK
사인

라디오 방송국의 대담 프로그램에 출연한 적이 있다. 담당 PD가 방송실 밖에서 엄지손가락과 집게손가락을 둥글게 구부리고 다른 손가락은 바로 세우는 'OK' 사인을 보냈다. 그 사인은 원래 돈을 의미하는 데 주로 쓰였다. "지금 이것만 좀 있어도 큰돈을 벌 수 있는데 말이야."라고 돈이 아쉬울 때 상대에게 사인을 보내고는 한다. 이처럼 그 전에는 주로 동전을 상징하던 이 사인이 지금은 주로 '만족스럽다', '훌륭하다', '아주 좋다' 등의 의미로 쓰인다.

그러나 이 사인을 좋은 의미로 쓰는 나라는 그리 많지 않다. 아마 우리는 미국 영화 장면에서 자주 나오는 것을 보고 그런 의미로 그대로 쓰게 되었는지도 모른다.

만약 당신이 프랑스에 가서 음식 맛이 좋다고 해서 요리사에게 이런 사인을 보낸다면 그는 얼굴을 붉히면서 아주 기분 나빠 할 것이다. 프랑스인에게 이 사인은 '제로', 혹은 '형편없는 것'을 의미한다. 화를 내는 정도라면 그래도 괜찮다. 잘못하면 자기를 모욕했다고 해서 발끈할지도 모른다. 이 사인은 이탈리아 사르디니아 섬에서는 강간을 의미하는 것으로 쓰인다고 한다. 이것을 그곳에서 함부로 썼다가는 몰매를 맞을지도 모른다.

엄지
사인

주먹을 쥐고 엄지손가락 하나를 곧게 세우거나, 반대로 아래로 내리는 사인은 그 의미하는 바가 전혀 다르다. 곧게 세우는 사인은 '으뜸이다', '최고다', '자신 있다' 등의 의미를 지닌다. 반면에 아래로 내리는 사인은 그 반대의 의미를 가진다.

미국 프로레슬링 시합을 보면, 반칙을 많이 하는 악역 선수에게 관중들은 엄지손가락을 아래로 내리는 사인을 하면서 심한 야유를 보낸다. 마치 그 옛날 콜로세움에서 노예들의 격투기를 보는 기분으로 "그를 꺾어 버려라."라고 어필하는지도 모른다. 국회의원 입후보자가 가운데는 엄지손가락을 치켜세우는 사인을 유권자들에게 하면서 지지를 호소하는 사람이 있다. 유권자를 왕으로 보고 목숨을 구해달라는 것인지, 아니면 '내가 최고'라고 뽐내는 것인지 헷갈리게 한다.

엄지손가락 대신 둘째손가락을 똑바로 세우는 제스처를 사용하면 '지적이고 자신 있는 인물'이라는 느낌을 주므로 설득에 효과적이다. 남성이 여성과 대화하면서 둘째손가락을 세운다면 '어떻게든 당신을 설득시키고 싶다'라는 의지가 포함된다. 그러나 가운데손가락을 곧게 세운다면 미국 사람은 심한 모멸감과 수치심을 느껴 분노하게 된다.

V
사인

원래는 더할 수 없는 모욕의 사인이었던 'V' 사인이 이젠 정반대의 의미로 쓰여 승리를 의미하게 되었다. 승리의 V 사인은 손바닥을 상대에게로 향하고는 집게손가락과 가운데손가락을 똑바로 펴 '가위' 모양을 만들면 된다. 하지만 손등을 상대방에게로 향하고 하는 V 사인은 원래 영국에서는 강간을 의미하는 것이었다.

행동학 연구가인 야마노베에 의하면, 제2차 세계대전 때 벨기에의 어느 변호사가 나치 독일에 저항하여 승리를 거두자는 의미에서 VICTORY의 머리글자인 V 사인을 승리의 사인으로 쓰기를 제창했다고 한다. 그후에 V 사인은 급속도로 번져 프랑스나 영국 등에서도 승리를 나타내는 사인이 되었다. V 사인은 이제는 승리를 의미하는 사인으로서 정착하게 되어, 아마 전 세계에서 가장 많이 쓰이는 사인일 것이다. 카메라 앞에서 포즈를 취할 때나, 시합에서 승리했을 때, 또 별다른 포즈를 취할 것이 없을 때도 이 사인을 즐겨 쓴다.

양발을 한데 모으고 왼팔을 하늘을 향해 비스듬히 뻗어 상관에게 경례하던 나치 군인들도 나중에는 이 사인이 어떻게 해서 생겨났는지 모른 체 즐겨 사용했을 정도라 한다. 그러나 이런 의미 있는 사인도 진지하지 않은 표정으로 자꾸 남발하면 어쩐지 좀 경망스럽게 보이는 것도 어쩔 수 없다.

남성 특유의
독특한 몸짓이 있다

인간의 마음을 심층심리학적으로 보면 욕구가 시키는 대로 행동하는 '본능적 자아'와, 사회의 규칙이나 규율을 지키려는 '이성적 자아', 그리고 이것들을 통제하는 '자기의식'이 있다.

인간은 자기의식을 통하여 본능과 이성을 잘 조정해가면서 나날의 생활을 안정되게 보내지만, 때로는 본능과 이성의 균형이 깨어질 때가 있다. 이때 인간은 도피한다. 그래서 도피란 이런 균형을 되찾으려는 마음의 작용이다.

우산을 휘두르며
골프 연습을 한다

    역이나 버스 정류장에서 우산을 둘둘 말은 신문지를 손에 들고 골프 연습을 하는 아저씨가 있다. 골프광으로 보이긴 하지만 그런 것 같지 않다. 심리학적 견지에서 보면, 이것은 '도피 행동'에 해당된다.

    도피 행동이란 현실에서 벗어나려고 무의식 가운데 전혀 현실과 상관없는 행동을 하는 것을 말한다. 역이나 정류소는 전철이나 버스라는 교통수단을 기다리는 곳이다. 그들은 그런 교통수단을 이용하여 집과 회사를 왕복하며 나날을 보낸다. 즉 아침 출근시간에는 '출근하기 싫다', 저녁 퇴근시간에는 '귀가하기 싫다'라는 도피의식이 작용하여 골프 스윙을 하는 것이다. **골프를 좋아한다기보다 직장이나 가정에 불안을 느끼는 도피 행동이다.**

넥타이를
자주 고쳐 맨다

    머리를 짜고 짜서 작성한 기획안을 상사 앞에서 설명회를 가질 때, 조금이라도 상사에게 좋은 인상을 주려면 양복과 와이셔츠, 넥타이는 무슨 색깔로 하면 좋을까?

사내 설명회나 거래선과의 교섭 등, 특히 상대를 설득하려는 날에는 특히 신경 써야 할 것은 넥타이 색깔이다. 넥타이는 탁자 너머의 상대의 시선을 쉽게 끌어오므로 심리학적으로도 매우 중요한 품목이 된다.

예를 들면 설득 장면에서는 빨간 색깔의 넥타이를 매는 것이 좋다. 빨간 색은 적극성이나 용기를 가져오고, 보는 사람을 심리적으로 흥분시키는 작용이 있어, "저 사람을 따르면 틀림없겠지."라는 암시를 상대에게 준다. 빨간 넥타이는 교섭을 유리하게 한다. 미국에서는 대통령을 위시하여, 많은 정치가가 빨간 넥타이를 많이 활용한다. 그들은 빨간 넥타이를 '파워 넥타이'라고 부른다. 이때 넥타이 색깔이 재킷과 셔츠의 색깔과도 어울리면 더욱 효과적이다.

〈설명회〉

양복 : 흑색 또는 진한 감색

셔츠 : 백색

넥타이 : 적색

〈사죄할 때〉

양복 : 회색

셔츠 : 백색

넥타이 : 회색 또는 청색

〈궐기대회〉

양복 : 감색 또는 회색

셔츠 : 백색

넥타이 : 오렌지색 또는 연분홍색

〈교섭회담〉

양복 : 감색

셔츠 : 백색 또는 청색

넥타이 : 청록색

　자사 제품의 판매를 늘리기 위해 거래처의 신규 개척에 나선 A가 그 회사에서 만난 인물은 두 명이다. 팸플릿과 가격표를 늘어놓고 열심히 설명하고 있다. 그런데 한 사람은 열심히 듣고 이것저것 질문하지만, 또 한 사람은 관심이 있는지 없는지 한 마디도 하지 않고 팔짱을 낀 채 앉아 있다.

　갑자기 말없이 앉아 있던 사람이 팔짱을 풀고는 넥타이를 고쳐 맸다. 너절한 설명에 지루해서 그런 것 같다고 생각한 A군은 당황했다. 하지만 이런 경우라면 지루하다는 신호가 아니다. 아마도 말없던 사람이, 넥타이를 고쳐 맨 후부터는 설명에 끼어들기 시작할 것이다.

**　넥타이를 고쳐 맨 것은 지금까지 상대와의 대화 내용에 향하고 있던 관심이 자기 자신에게로 향했을 때에 무의식적으로 나오는 몸짓의 하**

나다. 이것은 '자기 주시'라고 불리는 심리다. 자신에게로 의식이 되돌아 왔을 때, 마음을 가다듬고는 "이제 나에게도 주목해주세요."라는 신호를 보내고 있다.

회의에서 발언하려고 일어서면서 넥타이를 고쳐 매는 사람을 본 적이 있을 것이다. 이와 같은 행동을 말없이 앉아 있던 그 사람이 하고 있는 것이다. 아무 말도 하지 않던 그가 "이번은 내 차례다."라고 기운을 차리는 사인이기도 하다.

다리를
크게 벌리고 앉는다

우리는 몸 어딘가로 남성다움이나 여성다움을 강조하려는 '성별 신호'를 보내고 있다. **남성이 다리를 크게 벌리고 앉는 것은 남성다움을 과시하려는 사인이다.** 아무리 남성다움을 강조하고 싶어도 낯선 사람들 사이에서 다리를 크게 벌리고 앉으려면 용기가 필요하다. 외국의 액션 영화를 보면, 적에게 붙잡힌 주인공이 의자 뒤로 손이 결박되어 있으면서도 다리는 크게 벌리고 앉아 있는 장면이 있다. 이런 포즈는 '너희들에게 결코 굴복하지 않겠다'라는 태도를 나타내 보이는 것이다. 복잡한 지하철에서 이런 식으로 앉아 있는 남성도 그런 생각이겠지만, 영화 주인공처럼 멋있지는 않다. 이것은 전체적인 분위기에 맞지 않고 허세를 부리는 것으로 보이기 때문이다. 자신감이 없으면 좀처럼 다리를 벌리고 앉을 수가 없다. 물론 혼잡한 지하철에서 그런 식으로 앉는다는 것은 자신감의 문제만은 아니다.

자신감이 없는 남성이 다리를 벌리고 앉을 때는 상대를 믿을 때다. 성별 신호를 보낼 수 있을 만큼 상대를 믿는 것이다. 그러므로 처음 만나는 남성과 대화를 나누는 동안, 그가 편안한 자세로 다리를 벌리고 앉아 있다면 당신을 신뢰하고 수용하고 있다고 생각해도 좋다. 당신도 그런 자세를 취하면 상대는 경계하게 된다. 그런 때는 다리를 모아 마음이 편안하다는 것을 나타내면 무난할 것이다.

다리를 벌리고 앉는다는 것은 남성다움을 나타내고 싶어 하는 남성의 '성별 신호'라고 하지만, 최근 지하철에서 교복을 입은 여학생들이 이런 자세를 취하고 있는 것이 눈에 띈다. 흘깃 시선이 그쪽으로 가게 되면, 여학생들은 벌린 다리 사이로 양손을 올리고 방어 자세를 취한다.

긴장해서 앉아 있을 때는 남성이나 여성이 다리를 모으게 된다. 이것은 '당신의 말씀을 받아들이겠습니다'라는 표시지만, 어쩐지 차가운 느낌을 준다. **다리를 모으는 것은 본능적인 '방어 자세'이기 때문이다.** 그러나 이런 자세를 오래 하고 있으면 피로를 주기 때문에 오랫동안 똑같은 자세로 있을 수 없다.

어느 정도 긴장이 풀리면 다리를 꼬고 앉게 된다. 이것도 일종의 '방어 자세'지만 기분은 편안해진다. 다리를 모으고 앉는다는 것은 상대의 말을 일방적으로 받아들이지만 않고, 이쪽 주장도 하겠다는 상호 커뮤니케이션의 신호가 되기도 한다. 상대가 다리를 모으고 앉아 있다면, 곧바로 본론을 말하지 말고 긴장을 푸는 이야기를 나누는 것이 좋다. 그래서 상대가 긴장을 풀고 다리를 꼬는 자세를 취한다면 본론에 들어가도 좋다.

그러나 상대가 자주 다리를 이쪽저쪽 바꾼다면 슬슬 대화를 정리해야 할 단계라고 생각하는 것이 좋다. **자주 다리를 바꾼다는 것은 지루하다는 표시다.** 대화 중이라면 그날은 그 정도에서 끝내고, 다음 기회에 계속하기를 제의하는 편이 낫다. 그런 사인을 놓치게 되면 모처럼 잘 진행되던 대화도 끊어지게 된다. 작은 사인도 주의 깊게 관찰하는 안목이 필요하다.

다리를 달달 떠는 경우가 있는데, 이것도 '불만과 긴장감'을 나타내는 사인이다. 다리를 가볍게 떨면 근육을 통하여 뇌에 신호가 전해져 긴장이 완화된다. 아이디어가 떠오르지 않을 때, 방안을 이리저리 거니는 것도 무의식중에 긴장을 완화하려는 동작이다. 이리저리 왔다 갔다 하는 대신 다리를 떠는 것인지도 모르겠다. 다리를 떠는 대신 손가락으로 책상을 두드리는 동작도 있다. 다리를 떠는 것은 불만에 가득 차 긴장하고 있을 때나, 모든 것이 생각대로 되지 않아 심한 욕구불만에 쌓여 있을 때 나타나는 동작이다.

머리 뒤로
양손을 깍지 낀다

　미국의 심리학자 메브러비언에 따르면, 의자에 푹 파묻혀 있는 것은 지위가 높은 사람이 긴장을 푸는 포즈라고 한다. 사장은 사장실에서 이런 포즈를 곧잘 취하지만, 평사원은 부장이나 과장 옆에서 이런 포즈를 취할 수 없다.

　사장이 큰 가죽 소파에 푹 파묻혀 다리를 뻗고 손을 머리 뒤로 깍지를 낀다면, 아마 회사 경영 상태가 순조로울 때일 것이다. 사장은 잠시 동안 지극히 행복한 시간을 보내고 있는지도 모른다. 그러나 평사원이 근무시간 중에 사무실에서 이런 포즈를 취한다면, 더 이상의 출세를 원치 않는다는 것을 말하는 것과도 같다. 과장이라 할지라도 그런 포즈를 하고 있으면 "무척 한가한 모양이군."이라고 부장으로부터 핀잔을 듣게 된다.

혼잣말로
중얼거린다

　"안경 어디 두었지?"라고 혼잣말을 하면서 안경을 찾고 있으려니까, 아내가 "당신 머리 위에 있잖아요, 벌써 치매에요."라고 하는 것은 노부부의 가정에서 흔히 볼 수 있는 장면이다. 아내는 물건을 어디다 두었는지도 모르게 기억력을 잃은 남편을 걱정이 되어 놀리는 것이다. 이처럼 물건을 찾으면서 무의식중에 혼잣말을 하는 것은 하나의 노화 현상이다. 따라서 "이상한데, 그걸 어디다 두었지?"라고 혼잣말을 할 정도라면 좀 조심할 필요가 있다. 생각이 머릿속에서 정리되지 않은 채 무의식중에 말로 입 밖으로 튀어나오면 노화가 벌써 시작된 것이다.

"조금 전에 여기 뒀던 볼펜 어디 갔지?" 여기저기 뒤지면서. 무의식중에 "그게 발이 달린 것도 아니고 말이야."라고 혼자 중얼거린다. 이런 행동을 취하는 것을 심리학에서는 '퇴행'이라고 한다. 퇴행이란 문자 그대로 어릴 적으로 되돌아가 어린아이 같은 유치한 행동을 하는 것을 말한다.

어른은 해야 할 말과 하지 말아야 할 말을 구별하지만, 아이는 뇌가 아직 완전히 발달하지 않아 그런 구별을 하지 못해 생각나는 대로 그대로 말을 토해내고 만다. "어디 있지?"라고 머리로 생각하기만 해도 되는데도, 마치 아이가 엄마에게 묻는 듯 입 밖으로 소리를 낸다. 특히 노인들이 퇴행에 의하여 혼자 말을 하는 경우가 많다.

심리학에서 말하는 퇴행이란 정신발달에서 보다 미숙한 단계로 되돌아가는 것을 가리킨다. 다르게는 고차원의 기능이나 체제가 저차원의 수준으로 해체되는 일을 말한다. 예를 들면 대소변 가리기가 끝난 다섯 살 아이가 동생이 태어나자마자 소변을 가리지 못하고 바지를 적실 때, 이를 항문기_{생후 8개월부터 4세까지의 시기}에로의 이행했다고 볼 수 있다. 이렇게 함으로써 다섯 살짜리로서 해야 할 책임과 그에 따르는 걱정, 불안을 면할 수 있게 된다. 어른이 되어서도 이런 걱정과 불안을 없애는 퇴행의 모습들이 나타난다.

퇴행은 인간관계를 부드럽게 하는 윤활유 역할을 한다. 낮 시간의 논리적 세계에서는 도무지 의견이 일치되지 않아 좀처럼 화합할 수 없었던 두 사람이, 밤이 되어 술을 마시고 떠드는 동안에 서로의 주장을 누그러뜨려 제3안에 합의하는 일은 흔히 있는 일이다.

퇴행 상태에서는 보통 때는 그다지 다른 사람에게 보이지 않았던 자신의 모습이 표면에 나타난다. 사람들 앞에서 보통 때는 할 수 없었던 말도 거침없이 하게 된다. 남을 욕한다든지, 자신의 약점이나 실패에 대해 고백한다든지, 아주 고약한 버릇이 나온다든지 하는 자신의 솔직한 심리 상태를 그대로 표출시킨다. 언제나 가면을 쓴 채로 어깨를 펴고 있으면 지치고 만다. 그렇다고 자신의 감정이나 욕망을 계속 억누르면 욕구 불만에 빠지기 쉽다. 누구에게나 퇴행할 수 있는 시간과 장소를 가질 필요가 있다.

농담도 하지 않고 장난치지 않는 사람, 소위 '어린아이의 마음을 드러내지 못하는 사람은 사람들과 사귈 수 없다. 의미도 없고 비생산적인 것처럼 보이는 이야기가 이러한 시간에는 큰 힘을 발휘한다. 심리학자 헤론이 실시한 감각 차단에 관한 실험이 있다.

피험자를 방안에 격리시켜 외부 자극이 거의 주어지지 않는 상태로

침대에 눕게 했다. 방안에서 피험자는 그냥 누어있기만 했는데도 8시간 정도 지나니까 독백을 하기 시작했다. 그것은 참을 수 없는 고독감을 해소하기 위해 자기 자신에게 자극을 주는 행동이라고 생각된다. 그래서 혼자 사는 사람이 독백을 자주한다.

감각 차단 상태가 장시간 계속되면, 우선 사람은 스스로 자극을 만들어낸다독백이 많아지거나 노래를 부르기 시작한다. 이 상태를 지나면 환각, 환청 등이 일어난다. '감각 차단'으로부터 해방된 뒤에 계산, 방향감, 논리 등의 능력이 현저하게 저하된 사람이 많다는 실험 보고도 있다.

인간에게 있어서 과도의 스트레스는 질병 등 여러 가지 폐해를 일으키지만, '스트레스를 완전하게 배제하는 일'이나 '타인과의 커뮤니케이션을 완전 차단하는 것'도 여러 가지 폐해를 가져온다.

여성의 손길에는
감정이
담겨 있다

여성만이 가지는 특유의 심리 상태가 있다. 여성잡지의 한 남성 편집장의 말에 따르면 처음 만나는 여성과 친해지기 위해서는 '예스 화법'을 자주 사용하는 것이 효과적이라고 한다. 예스 화법이란 상대가 "예스." "그렇습니다."라고 응답할 수밖에 없는 말이나 질문을 계속 건네는 화법을 말한다.

또 남녀가 데이트를 할 때, 여성 쪽이 항상 몇 분 정도 늦게 나오는 것도 '나는 당신에게 쉽게 공략될 사람이 아니다'라는 심리적 메시지를 보내기 위해서다. 여기에는 약한 존재인 여성이 강한 존재인 남성을 동요시킴으로써 일종의 균형을 회복하고자 하는 심리도 작용한다.

볼이나
귀를 만진다

여성이 말하는 모습을 주의 깊게 살펴보면, 말하면서 손을 자주 얼굴로 가져가거나, 귀를 만지거나, 양손으로 볼을 쓰다듬는 경우를 자주 볼 수 있다. 그 순간 그녀는 자기가 꿈꾸는 세계로 빠져 들어가 말의 내용보다 말하고 있는 자기에게 도취되어 있다.

"아주 불쌍한 친구가 하나 있는데." 하며 말을 시작함으로써 그녀 자신이 얼마나 그 친구를 불쌍하게 생각하고 있는지를 확실히 알리고 싶어 한다. "정말 불쌍해 눈 뜨고 볼 수 없어."라든가, '가여워 함께 울었다."라는 말을 하면서 어느새 양손으로 볼을 감싸고 있다. 빨갛게 달아오른 자기의 볼을 식히고 흥분을 가라앉히려는 동작이라고도 생각된다.

또는 불행한 친구의 처지를 동정하여 그녀 자신이 '자기 친밀성'을 구하고 있는 것이라고도 생각된다. 이럴 때 "그래, 그 친구가 어떻게 됐어?"라면서 본론으로 들어가는 것은 의미 없는 일이다. 그런 말을 한다면 당신은 상대의 기분을 알아주지 못하는 사람이라는 소리를 듣게 된다.

남성은 이야기를 결론으로 이끌어가려는 경향이 강하나, 여성과 대화할 때는 꼭 그럴 필요를 느끼지는 않는다. 그녀는 친구를 가엽게 생각하는 자기에게 당신이 동조해주기를 바라는 것이다. **그녀의 손이 귀**

나 볼을 자주 만진다면, 이야기에 도취되고 있는 그녀 자신을 이해해 주기 바란다는 표시다. 이럴 때 "정말, 당신은 동정심이 많아."라고 맞장구를 쳐주면 그녀는 당신이 정말 친절한 사람이라고 여길 것이다.

계속
머리카락을 만진다

데이트 중에 그녀가 자꾸 자기 머리카락을 만진다면 당신은 그녀에게 신경을 써야 한다. '몸짓이 예쁘다'라는 정도로 간단히 생각하고 있으면, "오늘은 좀 피곤해서 일찍 들어갈 거야."라는 말이 나올지 모른다. **여성이 자기 머리를 매만진다는 것은 허전한 마음을 달래려는 '자기 친밀성'을 구하는 행동의 하나다.** 당신이 하는 말에 지루함을 느낀다든지 결단력 없는 당신의 태도에 불만을 가질 때, 여성은 자꾸 자기 머리를 만지게 된다. 손가락으로 머리카락을 감는다든지, 머리카락에 손을 넣는다든지, 머리카락을 뽑는 것은 모두 같은 의미를 가진다. 머리카락을 자꾸 만짐으로써 '자기 친밀성'을 구하는 것은 남성보다도 여성에게 많다. 여성끼리 대화를 나눌 때, 상대가 자꾸 머리에 손이 간다면 권태로움을 느끼고 있다는 표시다.

커피숍에서 두 사람의 여성이 각자 자기 머리카락을 만지면서 대화를 나누는 것을 종종 볼 수 있다. 상대와 같은 몸짓을 하는 것은 친한 친구 사이에서 자주 일어나는, 자세 반향_{姿勢反響}'이라는 동조 행동이다. 친구와 마주앉아 이야기하거나 들을 때 나타내는 리드미컬한 몸의 움직임을 촬영해서 슬로모션으로 분석해보니, 두 사람의 몸의 움직임이 48분의 1초마다 일치하고 있었다. 이 분석 결과를 통해 그 두 여성은 똑같이 지루함을 느끼고 있다는 것을 알 수 있다.

턱을
괸다

조용한 바의 카운터 한구석에 칵테일을 앞에 두고 한 여성이 쓸쓸히 앉아 있다. 거기다 턱을 괴고 있다면 당신은 틀림없이 말을 걸고 싶어질 것이다. 그럴 때 당신의 마음속을 정확히 분석해보면 두 가지 생각이 소용돌이 칠 것이다. '그녀의 마음은 허전하다', '간단히 Yes라는 말을 들을 수 있다'라는 생각이다.

사실 그런 생각은 별로 틀리지 않는다. 턱을 괴고 있다는 것은 '자기 친밀성'을 아주 직접적으로 나타내는 행위이며, 그런 자세를 취한다는 자체가 허전한 마음을 누군가가 채워주기를 바란다는 무의식의 표시다. 다시 말하면 턱을 괴는 버릇이 있는 여성은 남에게 꼬임을 잘 당하는 경향이 있으므로, 함부로 모르는 사람 앞에서 턱을 괴는 것은 삼가야 한다.

아이는 불안과 고독을 느낄수록 신뢰하는 사람의 품안에 안기기를 바란다. 어릴 때 울고 있으면 엄마가 다가와 껴안아주고 달래주고 우유를 먹여준 기억을 잊어버릴 수 없는 것과 같다. 마음이 허전할 때 무의식중에 자기 몸을 만지는 것은 자기 자신에게 이런 친밀성을 구하는 것이다 이것을 '자기 친밀성'이라고 한다. **턱을 괸다는 것은 허전함을 달래고 싶어 하는 직접적인 마음의 표시다.** 물론 자기 친밀성'을 구하는 것은 여성만은 아니다.

당신이 데이트 시간보다 늦게 약속 장소에 도착했을 때 그녀가 멍하니 턱을 괴고 있는 것을 보게 된다면, 그녀는 당신에게서 충족되지 못하는 허전함을 갖고 있다고 할 수 있다. 당신 앞에서 그녀가 턱을 괴고 있다면 화제를 빨리 바꿀 필요가 있다. 턱을 괴고 상대의 이야기를 듣는다는 것은 대화 내용에 관심이 없거나, 상대를 대수롭지 않게 여길 때 취하는 포즈다. 또 양손으로 턱을 괴는 포즈도 있는데, 이것은 '불쾌하다', '이야기를 듣고 싶지 않다', '승낙할 수 없다' 등의 심리를 표현하고 있다. 이럴 때 교섭이나 설득을 그대로 진행시키면 실패할 것이 빤하므로 그 정도에서 끝내는 것이 좋다. 그러나 턱을 문지르는 동작은 'Yes'를 의미하는 동작이다.

이것저것 생각을 깊이 하는 사람이 자주 취하는 행동 중 엄지손가락과 둘째손가락 사이에 턱을 괴는 경우가 있다. 상대가 이런 자세로 생각에 잠겨 있을 때는 "김대리, 일 끝나고 식사라도?"라는 말을 건네면 안 된다. 곰곰이 궁리를 하고 있는데, 다른 사람의 방해로 생각이 끊길 때만큼 화나는 일은 없다. 얼핏 보기에는 아무 생각 없이 있는 것처럼 보일지도 모르지만 생각하기를 좋아하는 사람은 그렇게 시간을 보낼 때가 많다. 그럴 때 '방해하지 말아달라'는 심리가 손가락 사이에 턱으로 괴는 몸짓으로 나타나게 된다. 호텔방 문 앞에 '방해하지 마세요'라는 표지판을 달아 놓는 것처럼, 이런 자세도 그런 사인이라고 해도 무방하다. 동물행동학자 모리스는 손을 턱에 대는 행동은 조급할 때 위로를 얻으려는 '자기 접촉 행동'이라고 말하고 있다.

자꾸 눈 근처로
손이 간다

동의나 거부, 마음의 동요는 그 사람의 눈을 보면 알 수 있다. 사람은 눈에 나타나는 마음의 동요를 감추기 위해 손으로 여러 가지 동작을 한다. **무의식적으로 눈을 문지르거나, 안경에 손이 간다. 이것도 자기 몸을 만짐으로써 긴장을 풀려는 '자기 접촉 행동'의 하나다.** 회의 자리에서 날카로운 질문에 대답이 막혔을 때 이런 동작을 한 뒤에, "에, 그 건에 관해서는 말입니다."라고 자료에 시선을 옮긴다. 이런 행동은 누구라도 하는 동작이다. 눈을 문지르거나 안경을 만져도 사람들의 시선은 자기에게서 떨어지지 않는다. 이럴 때 사람들의 시선을 따돌리려면 책상 위에 놓여 있는 회의 자료를 이쪽에서 저쪽으로 소리를 내며 옮기는 방법도 있다. 손을 책상에 가져감으로써 상대의 시선을 그쪽으로 끌고가는 것이다.

자세나 동작의 일치는 서로의 사고방식이나 역할의 유사성을 표현하는 것이다. 즉 서로가 같은 의견을 갖고 있다는 사실이나 상대에 대해 품고 있는 호의가 서로의 닮은 꼴 자세와 행동을 유발한다.

다방에서 탁자를 사이에 두고 즐겁게 대화를 나누는 젊은 연인들을 보고 있노라면 두 사람이 마치 거울에 비친 것처럼 서로 똑같은 자세나 동작을 하고 있다는 사실을 알 수 있다. 남자가 손가락으로 상대방의 뺨을 누르면 여자도 따라서 한다. 여자가 웃으면 남자도 따라서 웃는다. 남자가 커피 잔을 들어 마시면 여자도 커피 잔을 잡는다. 다리를 꼬는 행동을 하면 다시 다른 쪽도 같이 다리를 꼰다.

연인들만 이런 동작을 하는 것은 아니다. 회사의 회의 석상에서도 상사나 실력자가 별 다른 이유 없이 어떤 동작을 취하면, 주위의 부하들도 그것을 의식하지 않은 채 따라서 한다. 상사가 팔짱을 끼면 부하들도 그렇게 한다. 실력자가 헛기침을 하면 부하들도 따라서 헛기침을 한다.

- Archer. D., Iritani, B., Kimes, D. D., and Barrios, M. (1983). Face-ism : Five studies of sex differences in facial prominence. Journal of Personality and Social Psychology, 43, 723-725.
- 최광선(1999) 몸짓을 읽으면 사람이 재미있다, 일빛
- 최광선(2000) 한 길 사람 속 읽기, 일빛
- 최광선(2004) 몸짓 속에 숨겨진 마음의 비밀, 학지사
- 최광선(2006) 개인관계의 사회심리학, 시그마프레스
- 최광선(2014) 감정을 북돋우면 힘이 난다, 맑은샘
- 이종주(2005) 사람을 읽으면 인생이 즐겁다, 스마트비즈니스
- Darwin. C. (1872). The Expression of the Emotions in Man and Animals. London : Murray.
- Ekman, P (1975). Face muscles talk every language. Psychology Today, 9, 35-39.
- Ekman, P, and Friesen. W. V.(1967). Head and body cues in the judgment of emotion : A reformulation. Perceptual and Motor Skills, 24, 711-724.
- Ekman, P, and Friesen, W.V.(1969a). Non-verbal leakage and clues to deception. Psychiatry, 32, 88-106.
- Ekman, P, and Friesen, W.V. (1969b).The repertoire of non-verbal behavior: Categories, origins, usage, and coding. Semiotica, 1, 49-98.

- Ekman, P, and Friesen, W.V.(1972). Hand movements. Jounal of Communication, 22, 353-374.

- Ekman, P, and Friesen, W.V.(1974). Detecting deception from the body or face. Journal of Personality and Social Psychology, 29, 288 - 298.

- Freud. S. (1905).Three Essays of the Theory of Sexuality. Library of Congress Catalog Card Number. 62-11202.

- Hall, E. T.(1966). The Hidden Dimension. Garden City. NY：Doubleday.

- Hess, E. H., and Polt, H. M. (1960). Pupil size as related to interest value of visual slimuli. Science, 132, 349-350

- Mehrabian, A. (1976). Public Places and Private Spaces：The Psychology of Work, Play, and Living Environment. New York: Basic Books.

- Mehrabian, A. (1981).Silent Messages：Implicit Communication of Emotions and Attitudes (2nd ed.) Bemlont, CA: Wadsworth.

- Mehrabian, A. and Diamond, S. G. (1971). Seating arrangement and conversation. Sociometry, 34, 281-289.

- Morris. D. (1971). Intimate Behavior. New York: Random House.

- Morris. D. (1985). Body Watching. New York：Crown.

- 佐藤綾子(2009) 一瞬の表情で人を見抜く法, PHP研究所

- Sommer, R.(1969). Personal space：The behavioral basis of design.

- 匠英一(2009) しぐさのウラ讀み, PHP研究所

- 苫米地英人(2009) すべての仕事がやりたいことに変わる, サイゾ

- 山下耕二(2006) 非言語行動の心理学, 北大路書房

- Zajonc, R. B.(1968). Attitudinal Effects of Mere Exposure. Journal of Personality and Social Psychology, 9, 1-29.

말이 전부가 아니다,
넌버벌 커뮤니케이션

지은이 최광선
펴낸이 이종록 펴낸곳 스마트비즈니스
등록번호 제 313-2005-00129호 등록일 2005년 6월 18일
주소 경기도 고양시 일산동구 정발산로 24, 웨스틴돔타워 T4-414호
전화 031-907-7093 팩스 031-907-7094
이메일 smartbiz@sbpub.net
ISBN 979-11-85021-75-1 03320

초판 1쇄 발행 2017년 6월 1일